Kohlhammer

Soziale Arbeit – kompakt & direkt

Herausgegeben von Rudolf Bieker und Heike Niemeyer

Eine Übersicht aller lieferbaren und im Buchhandel angekündigten Bände der Reihe finden Sie unter:

 https://shop.kohlhammer.de/soziale-arbeit-kompakt-direkt

Die Autorin

Barbara Baumeister, dipl. Psychologin FH, Gerontopsychologin, arbeitet seit 2008 als Dozentin und Projektleiterin am Departement Soziale Arbeit der Zürcher Hochschule für Angewandte Wissenschaften. Sie forscht und lehrt zu Themen der sozialen Gerontologie, Integration und Partizipation älterer Menschen, zur Arbeit mit betreuenden Angehörigen sowie zum Umgang mit Vernachlässigung und Misshandlung in Pflegebeziehungen im häuslichen Bereich.

Barbara Baumeister

Gewalt in der häuslichen Pflege

Handlungswissen für die Soziale Arbeit

Verlag W. Kohlhammer

Dieses Werk einschließlich aller seiner Teile ist urheberrechtlich geschützt. Jede Verwendung außerhalb der engen Grenzen des Urheberrechts ist ohne Zustimmung des Verlags unzulässig und strafbar. Das gilt insbesondere für Vervielfältigungen, Übersetzungen, Mikroverfilmungen und für die Einspeicherung und Verarbeitung in elektronischen Systemen.

Die Wiedergabe von Warenbezeichnungen, Handelsnamen und sonstigen Kennzeichen in diesem Buch berechtigt nicht zu der Annahme, dass diese von jedermann frei benutzt werden dürfen. Vielmehr kann es sich auch dann um eingetragene Warenzeichen oder sonstige geschützte Kennzeichen handeln, wenn sie nicht eigens als solche gekennzeichnet sind.

Es konnten nicht alle Rechtsinhaber von Abbildungen ermittelt werden. Sollte dem Verlag gegenüber der Nachweis der Rechtsinhaberschaft geführt werden, wird das branchenübliche Honorar nachträglich gezahlt.

Dieses Werk enthält Hinweise/Links zu externen Websites Dritter, auf deren Inhalt der Verlag keinen Einfluss hat und die der Haftung der jeweiligen Seitenanbieter oder -betreiber unterliegen. Zum Zeitpunkt der Verlinkung wurden die externen Websites auf mögliche Rechtsverstöße überprüft und dabei keine Rechtsverletzung festgestellt. Ohne konkrete Hinweise auf eine solche Rechtsverletzung ist eine permanente inhaltliche Kontrolle der verlinkten Seiten nicht zumutbar. Sollten jedoch Rechtsverletzungen bekannt werden, werden die betroffenen externen Links soweit möglich unverzüglich entfernt.

1. Auflage 2023

Alle Rechte vorbehalten
© W. Kohlhammer GmbH, Stuttgart
Gesamtherstellung: W. Kohlhammer GmbH, Stuttgart

Print:
ISBN 978-3-17-042827-0

E-Book-Formate:
pdf: ISBN 978-3-17-042828-7
epub: ISBN 978-3-17-042829-4

Vorwort der Reihenherausgeber*innen

Ergänzend zu klassischen Lehrbüchern geht es in der neuen Reihe »Soziale Arbeit – *kompakt & direkt*« um die vertiefende Bearbeitung spezieller Themen- und Fragestellungen aus der Sozialen Arbeit und ihren Bezugsdisziplinen, z. B. theoretische Konzepte, spezifische Methoden, Arbeitsfelder oder soziale Probleme. *Kompakt und direkt* heißt die neue Reihe, weil sie in der Präsentation der Inhalte auf das konzentriert ist, was Lernende über das ausgewählte Thema wissen und für Studienleistungen und Prüfungen zielgenau aufbereiten können sollten.

Zielgruppen der Reihe sind jedoch nicht nur Studierende im Bachelor- oder Masterstudium, sondern auch Berufseinsteiger*innen und Praktiker*innen, die autodidaktisch oder in Fortbildungen Anschluss an den aktuellen wissenschaftlichen Diskurs halten wollen.

Der fokussierte Zuschnitt der Bände spiegelt sich in einem innovativen Buchformat, das Leser*innen Überschaubarkeit im Umfang und eine gut strukturierte Textpräsentation bietet. Zentrale Sachverhalte werden anhand von Praxisbeispielen und Abbildungen veranschaulicht. Didaktische Elemente wie Begriffserläuterungen, Textcontainer, Reminder, Essentials, kurze Zusammenfassungen, Piktogramme etc. erleichtern das Erfassen, Speichern und Wiederaufrufen der Inhalte.

Die Autor*innen der Bände sind durch ihre wissenschaftliche Expertise ausgewiesen, schreiberfahren und stehen i. d. R. mit Studierenden und Praxisfeldern in engem Kontakt.

Rudolf Bieker und Heike Niemeyer, Köln

Zu diesem Buch

Fachpersonen aus dem Sozial- und Gesundheitswesen, die mit älteren Menschen und ihren Angehörigen im Kontakt sind, nehmen eine wichtige Rolle im Kontext von Misshandlung und Vernachlässigung im häuslichen Umfeld ein. Sozialarbeitende, Mitarbeitende der ambulanten Pflege, Ärzt*innen oder Mitarbeitende verschiedener Beratungs- und Interventionsstellen erhalten direkten oder indirekten Einblick in häusliche Betreuungs- und Pflegearrangements. Häufig bleibt Außenstehenden jedoch das Erkennen von durch Gewalt und Vernachlässigung bedrohte familiäre Betreuungs- und Pflegearrangements verwehrt, und auch wenn eine Fachperson Zugang zum häuslichen Umfeld hat, kann eine verdeckte Gewaltproblematik leicht übersehen werden. Hierfür bietet das Buch Fachwissen, um das komplexe Geschehen bei Missständen in der häuslichen Betreuung und Pflege alter Menschen zu erkennen, angemessen anzusprechen und weitere Schritte einzuleiten.

Im *ersten Kapitel* geht es um die Klärung des Gewaltbegriffs, das Ausmaß an Gewalt in häuslichen Betreuungssettings sowie die Ursachen und Risikofaktoren von Misshandlung und Vernachlässigung im häuslichen Kontext (▶ Kap. 1). Im *zweiten Kapitel* wird auf die Herausforderungen und Belastungen von pflegenden Angehörigen eingegangen (▶ Kap. 2). Es werden verschiedene Beziehungsqualitäten zwischen Betreuenden und Betreuten aufgezeigt, die Einfluss auf die Belastungen und auf die Inanspruchnahme von Hilfe haben. Im *dritten Kapitel* wird eine Systematisierung von vielfältigen Fällen häuslicher Misshandlung oder Vernachlässigung durch die Zuordnung zu sechs Konfliktmustern ermöglicht (▶ Kap. 3). Schließlich werden im *vierten Kapitel* Präventionsansätze für Sozialarbeitende im Bereich der häuslichen Betreuung alter Menschen aufgezeigt (▶ Kap. 4).

Sozialarbeitenden wird damit eine Grundlage geboten, um belastende Lebenssituationen in der häuslichen Pflege und Betreuung frühzeitig wahrzunehmen und wenn notwendig fachgerecht zu intervenieren, damit für alle am Konflikt Beteiligten gute Lösungen erarbeitet werden können.

Barbara Baumeister, Zürich

Inhalt

Vorwort der Reihenherausgeber*innen **5**

Zu diesem Buch **7**

1 Gewalt im Alter: Eine gesellschaftliche Herausforderung **11**
  1.1 Vulnerabilität älterer Menschen 12
  1.2 Gewaltverständnis und Ausmaß von Gewalt im Alter 15
      1.2.1 Begriffe und Formen von Gewalt und Vernachlässigung im Alter 15
      1.2.2 Prävalenz von Gewalt in der häuslichen Betreuung alter Menschen 21
      1.2.3 Ursachen und Risikofaktoren häuslicher Gewalt 23
  1.3 Auswirkungen auf Betroffene 30
      1.3.1 Folgen für die pflegebedürftige Person 31
      1.3.2 Folgen für betreuende Angehörige 32

2 Angehörige in der häuslichen Betreuung und Pflege **36**
  2.1 Formen häuslicher Betreuungsarrangements 37
  2.2 Ausmaß informeller Betreuung und Pflege älterer Menschen 39
  2.3 Motive für die Betreuungs- und Pflegeübernahme 42
  2.4 Belastungen durch informelle Betreuung und Pflege 44

	2.5	Beziehung zwischen betreuender und pflegebedürftiger Person	46
		2.5.1 Wertschätzende Beziehungsqualität	48
		2.5.2 Pflichterfüllende Beziehungsqualität	51
		2.5.3 Abgrenzende Beziehungsqualität	54
		2.5.4 Beidseitig hilfebedürftige Beziehungsqualität	57
	2.6	Inanspruchnahme von Hilfe	60
3	**Komplexität und Vielfalt häuslicher Missstände im Alter**		**64**
	3.1	Genese von Gewalt und Vernachlässigung	65
	3.2	Konfliktmuster	68
		3.2.1 Intergenerative Verstrickung	71
		3.2.2 Partnerschaft und demenzielle Entwicklung	73
		3.2.3 Geschwisterkonflikt um Betreuungsleistung und Finanzierung	76
		3.2.4 Soziale Nähe und finanzielle Ausnutzung	78
		3.2.5 Soziale Isolation und nachbarschaftliches Umfeld	79
		3.2.6 Handlungsautonomie und Schutzbedarf	82
	3.3	Herausforderungen für Fachpersonen	83
4	**Prävention, Früherkennung und Intervention**		**87**
	4.1	Soziale Arbeit und Prävention	88
	4.2	Präventionsmaßnahmen für Betreuende und Betreute	92
		4.2.1 Informationsvermittlung: Sensibilisieren	92
		4.2.2 Soziale Isolation verhindern	93
		4.2.3 Beratung von älteren Menschen	95
		4.2.4 Beratung von betreuenden und pflegenden Angehörigen	98
	4.3	Früherkennung und Vorgehen bei Verdacht	104
	4.4	Interventionen bei Gewalt und Vernachlässigung	106
	4.5	Beratungs- und Anlaufstellen	108
Literatur			**112**

1 Gewalt im Alter: Eine gesellschaftliche Herausforderung

> **Überblick**
>
> Gewalt an alten Menschen in der häuslichen Betreuung und Pflege wird heute international als eine gesellschaftliche Herausforderung anerkannt. Bis vor etwa 30 Jahren wurde Gewalt im Alter noch kaum beachtet, sie fand im privaten familiären Bereich oder in Alters- und Pflegeheimen statt und Informationen drangen nur zögerlich in das gesellschaftliche Bewusstsein. Tatsächlich jedoch kommen Misshandlung und Vernachlässigung von älteren Menschen, ebenso wie häusliche Gewalt an Kindern oder Frauen, nicht selten vor, insbesondere bei hilfebedürftigen abhängigen Menschen im Alter. Menschen im Alter sind in besonderem Maße eine vulnerable Gruppe in unserer Gesellschaft (► Kap. 1.1).
>
> Um Studien über Misshandlung und Vernachlässigung im Alter vergleichbar zu machen, ist es notwendig, in diesem Kontext einen gemeinsamen Gewaltbegriff zu verwenden. Neben der Begriffsklärung wird im folgenden Kapitel auf das Ausmaß an Gewalt in häuslichen Betreuungssettings eingegangen (► Kap. 1.2). Untersuchungen zeigen, dass in Beziehungen, die von massiver Abhängigkeit geprägt sind, häufiger ein Gewaltzyklus entsteht als in egalitären Beziehungen. Die geschützte familiäre Privatsphäre erhöht das Risiko zusätzlich. Ursachen und Risikofaktoren sowie die Auswirkungen von Misshandlung und Vernachlässigung auf alle Betroffenen werden in diesem Kapitel ausgeführt (► Kap. 1.3).

1.1 Vulnerabilität älterer Menschen

Menschen im Alter (60 Jahre und mehr) sind nach Görgen et al. (2012a, 21) kriminologisch insgesamt weniger von Gewalt betroffen als Menschen in jüngerem Alter, da sie sich weniger im öffentlichen Raum bewegen. Das Risiko, Opfer von Gewalt zu werden, steigt jedoch mit dem Grad der Pflegebedürftigkeit und einer zunehmenden Abhängigkeit und Verletzlichkeit im höheren Alter (Mahler 2020, 35; DIMR 2017, 19; Görgen et al. 2012a).

Die Lebenssituation und -perspektiven von älteren Menschen unterscheiden sich von denen jüngerer Menschen in vielerlei Hinsicht. Mit zunehmendem Alter werden körperliche und psychische Veränderungen wirksamer, auch wenn Altern primär ein individueller Prozess ist. Um auch im Alter trotz gesundheitlicher Einschränkungen in der gewohnten Umgebung verbleiben zu können, werden Hilfestellungen notwendig, die mehrheitlich durch Angehörige geleistet werden.

Zum Selbstverständnis der meisten Menschen gehört es, Aktivitäten des täglichen Lebens selbstbestimmt und selbständig auszuführen. Ist diese Fähigkeit jedoch beeinträchtigt und wird Unterstützung notwendig, entsteht ein Gefühl von Abhängigkeit, was Einfluss auf die persönliche Verletzlichkeit hat. Das plötzliche Eintreten von Betreuungsbedarf und der Beginn der Übernahme von Betreuungs- und Pflegeaufgaben durch Angehörige stellen für alle Beteiligten ein kritisches Lebensereignis dar. Verringerte Widerstandskraft und krankheitsbedingte Einschränkungen machen ältere Menschen in besonderem Maße zu einer vulnerablen Gruppe in unserer Gesellschaft. Mit Betreuungs- und Pflegebedürftigkeit verbunden ist das Angewiesensein auf Dritte und damit auch eine Verletzbarkeit durch die pflegende oder betreuende Person oder durch weitere Personen aus dem Umfeld. Ergebnisse aus der Studie »Kriminalität und Gewalt im Leben alter Menschen« (Görgen 2010, zit. nach Görgen et al. 2012a, 4) zeigen, dass Misshandlung und Vernachlässigung in der häuslichen Pflege eine hohe Prävalenz aufweisen und dass es sich zudem um ein spezifisches Problemfeld handelt, das sich von anderen Feldern der Gewaltkriminalität deutlich unterscheidet. Deswegen ist es notwendig, das Phänomen gesondert zu betrachten.

1.1 Vulnerabilität älterer Menschen

Die Aktivitäten des täglichen Lebens von Menschen setzen vielfältige Selbstversorgungskompetenzen voraus. Die Betreuung und Unterstützung durch Angehörige beginnt häufig bereits vor den amtlich anerkannten Pflegeleistungen (Nowossadeck, Engstler & Klaus 2016). Angehörige helfen bspw. bei einfachen Haushaltsarbeiten, erledigen Einkäufe, unterstützen bei administrativen Arbeiten, leisten allgemein Beziehungs- und Emotionsarbeit. Für eine gute Betreuungsarbeit müssen die individuellen Bedürfnisse, Vorlieben und Wünsche der betreuungsbedürftigen Person berücksichtigt werden. Betreuungsleistungen lassen sich nicht auf eine bestimmte (ökonomisierbare) Zeitdauer festlegen. »Nicht die – aus fachlicher Perspektive – nötige normierte Leistung, sondern die Bedürfnisse der zu betreuenden Person stehen im Mittelpunkt« (Pardini 2018, 53).

Eine weit verbreitete Unterscheidung der Selbstversorgungskompetenzen bieten die ADL (Aktivitäten des täglichen Lebens) respektive die IADL (instrumentelle Aktivitäten des täglichen Lebens) (Lawton & Brody 1969), die im Folgenden erläutert werden. IADL beziehen sich auf Aktivitäten, die das tägliche Leben unterstützen und wichtige Bestandteile des häuslichen und gemeinschaftlichen Lebens sind. Diese können jedoch auch leicht an andere Personen delegiert werden. Für die Einstufung der IADL sind folgende Aktivitäten ausschlaggebend.

Instrumentelle Aktivitäten des täglichen Lebens (IADL)

- selbständig Essen zubereiten
- selbständig telefonieren
- selbständig einkaufen
- selbständig Wäsche waschen
- selbständig Hausarbeit erledigen
- sich selbständig um Finanzen kümmern
- selbständig öffentliche Verkehrsmittel benutzen

Demgegenüber sind basale ADL Aufgaben, die sich auf die Pflege des eigenen Körpers beziehen und für das Überleben und Wohlbefinden notwendig sind. Der Begriff hilft betreuenden Personen zu definieren, wie viel Unterstützung eine Person benötigt respektive wie sich ihre Einschränkungen auf den Alltag auswirken. In Studien zum Ausmaß des Hilfebedarfs respektive zum Belastungserleben pflegender Angehöriger wird oftmals zwischen ADL und IADL unterschieden (vgl. Kaschowitz, 2021).

Aktivitäten des täglichen Lebens (ADL)

- selbständig essen und trinken
- selbständig ins oder aus dem Bett steigen oder von einem Sessel aufstehen
- sich selbständig an- und ausziehen
- selbständig zur Toilette gehen
- selbständig baden oder duschen

Alle Menschen sind im Verlauf ihres Lebens mehrmals Situationen oder Phasen ausgesetzt, in denen sie eine erhöhte Verletzlichkeit haben. Der Begriff *Vulnerabilität* bezeichnet die Verwundbarkeit eines Menschen gegenüber negativen Einflüssen. Diese kann sowohl genetisch als auch kulturell oder biografisch erworben sein. *Resilienz* bezeichnet das Gegenteil von Vulnerabilität. Resilienz ist die Fähigkeit, gegenüber Gefährdung Widerstand zu leisten (Schelling 2015). Das Risiko für Vulnerabilität verstärkt sich im Alter und insbesondere im hohen Alter und einer damit verbundenen Multimorbidität. In der Medizin wird in diesem Zusammenhang auch von Gebrechlichkeit (Frailty) gesprochen. In der Psychologie wird Vulnerabilität als eine herabgesetzte Widerstandsfähigkeit gegenüber Belastungen in der Person-Umwelt-Beziehung bezeichnet. Diese führt dazu, dass das Auftreten einer Störung oder Krankheit begünstigt wird, wenn eine Person bestimmten Reizen ausgesetzt ist (Schelling 2015).

Nach Schröder-Butterfill und Maranti (2006) setzt sich Vulnerabilität aus verschiedenen Risiken zusammen: dem Risiko, einer Gefahr ausgesetzt zu sein, dem Risiko, dass diese Gefahr eintritt, und dem Risiko, sich gegen die Gefahr nicht verteidigen zu können. Als Gefahr können für das Alter typische Umstände angesehen werden wie biologische, kognitive Veränderungen, die die Leistungsfähigkeit herabsetzen, oder auch der Verlust von Sozialpartner*innen. Es können auch Gefahren sein, denen gegenüber sich die Widerstandskraft im Alter vermindert wie bspw. Gewalterfahrungen. Die Möglichkeiten, mit Gefahren umzugehen, sind insbesondere von den individuellen Ressourcen wie ökonomische, Bildungs-, soziale Ressourcen, Leistungsfähigkeit und Gesundheit sowie den individuellen Anpassungsstrategien abhängig.

Die Beeinträchtigungen, die zu Pflegebedürftigkeit führen, sind unterschiedlich und fordern auch hinsichtlich der Unterstützung verschiedene Aufgaben der betreuenden Person. Wilz und Pfeiffer (2019, 4) unterscheiden vier Formen der Beeinträchtigung bei älteren pflegebedürftigen Menschen:

- Beeinträchtigungen der kognitiven und/oder neurologischen Funktionen als Folge einer Demenz, eines Schlaganfalls, einer Schädel-Hirn-Verletzung, Parkinson oder generell einer psychischen Erkrankung wie z. B. einer Schizophrenie,
- körperliche Beeinträchtigungen, z. B. Diabetes, Herz-Kreislauf-Erkrankungen,
- altersbedingte Beeinträchtigungen wie Seh- und Hörbeeinträchtigung, verminderte Vitalität oder chronische Schmerzen, z. B. durch Arthrose,
- lebensbedrohliche Erkrankungen, z. B. Tumorerkrankungen.

1.2 Gewaltverständnis und Ausmaß von Gewalt im Alter

1.2.1 Begriffe und Formen von Gewalt und Vernachlässigung im Alter

In den Anfangsjahren wissenschaftlicher Untersuchungen zur Thematik Gewalt, Misshandlung und Vernachlässigung wurde kontrovers diskutiert, welche Gegebenheiten mit dem Gewaltbegriff zu umfassen sind (Lachs & Pillemer 2015, 373). Je nach Kontext oder sozialpolitischem Verständnis

1 Gewalt im Alter: Eine gesellschaftliche Herausforderung

wird der Begriff unterschiedlich weit gefasst. Für eine strafrechtliche Verwendung des Begriffs ist eine klar umrissene Definition erforderlich, während es aus einer psychosozialen Sichtweise sinnvoll sein kann, auch nicht strafrechtlich relevante Aspekte unter den Gewaltbegriff zu subsumieren (Baumeister & Beck 2017, 22). Der Gewaltbegriff basiert weiter auf kulturellen Werten und Normen und ist i.d.R. mit negativen Bewertungen verbunden.

Hinsichtlich des Phänomens von »Gewalt gegenüber älteren Menschen« gibt es keine allgemeingültige Definition. Bereits sprachlich (Deutsch, Französisch, Italienisch und Englisch) werden kulturelle Unterschiede bezüglich des Gewaltbegriffs deutlich (Der Bundesrat 2020, 4; Krüger et al. 2020, 15–19). In Deutschland wird häufiger der Begriff *Gewalt* verwendet, während im Französischen und Italienischen der Begriff *Misshandlung* (Maltraitance oder Maltrattamento) bevorzugt wird und im Englischen meist von *Elder Abuse* gesprochen wird. Gemäß Krüger et al. (2020, 16f.) unterscheiden sich diese Konzepte bspw. darin, welche Gewaltformen ein- respektive ausgeschlossen werden. Körperliche und psychische Gewalt gegen ältere Menschen werden in allen berücksichtigt, jedoch werden sexuelle und finanzielle Gewalt sowie Vernachlässigung zum Teil in Studien ausgeschlossen oder es werden bestimmte Gewaltformen weiter ausdifferenziert (ebd.). In den folgenden Ausführungen werden die Begriffe Gewalt und Misshandlung synonym verwendet.

Das ökologische Modell der Weltgesundheitsorganisation (WHO 2002, 12) bietet vier verschiedene Ebenen, denen Gewaltvorkommnisse zugeordnet werden können: individuelle Ebene, Beziehungsebene, Gemeinschaftsebene und gesellschaftliche Ebene (▶ Abb. 1).

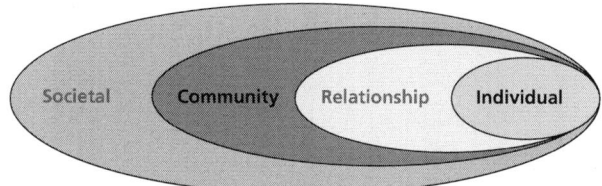

Abb. 1: Ökologisches Erklärungsmodell zur Entstehung von Gewalt der WHO (World Health Organization (2002): World Report on Violence and Health. Genf, 12)

Die WHO (2002) differenziert weiter drei grundlegende Kategorien von Gewalt (zit. nach EBG 2020, 3):

- Gewalt gegen die eigene Person (Selbstmisshandlung, Suizid),
- interpersonale Gewalt, die von anderen Einzelpersonen oder einer kleineren Personengruppe ausgehen kann (hierunter zählt häusliche Gewalt),
- kollektive Gewalt, die von organisierten Gruppierungen ausgeht (Krieg, Unterdrückung der Menschenrechte, organisierte Gewaltverbrechen).

Nach der Weltgesundheitsorganisation (WHO 2015) wird Gewalt gegen ältere Menschen bzw. die Misshandlung und Vernachlässigung älterer Menschen als eine einmalige oder wiederholte Handlung oder Unterlassung einer angemessenen Handlung innerhalb einer Vertrauensbeziehung bezeichnet, wodurch einer älteren Person Verletzungen oder Leid zugefügt wird (ebd., 74). Ein wesentliches Merkmal dieser Definition ist die Tatperson-Opfer-Beziehung. Die ältere Person pflegt eine Vertrauensbeziehung zur Gewalt ausübenden Person. Die Definition lässt jedoch offen, was die vorausgesetzte Vertrauensbeziehung ausmacht (bspw. durch den Einsatz von Täuschungen unterschiedlicher Art, bei denen das Vertrauen der älteren Person missbraucht wird, wie es beim Enkeltrick der Fall sein kann) (Görgen et al. 2012a, 5). Zu beachten ist auch, dass die WHO Gewalt ausschließlich aus der Perspektive des Schadens definiert. Unklar ist, ob es sich dabei neben intendierten auch um nicht intendierte Handlungen respektive Unterlassungen handeln kann (Görgen & Beaulieu 2013). Gewalt in Betreuungsbeziehungen kann auch ohne Absicht, situativ oder situationsübergreifend erfolgen (Görgen et al. 2009, zit. nach Blättner & Grewe 2017, 195). Eine weitere Unklarheit besteht darin, ob dem Opfer tatsächlich ein Schaden entstanden sein muss oder ob es ausreicht, wenn ein Schaden hätte entstehen können (Krüger et al. 2020, 19).

Die genannte Definition umfasst viele Formen von Gewalt an älteren Menschen. Die WHO schließt explizit physische, psychische, sexuelle Misshandlung, finanzielle Ausbeutung sowie Vernachlässigung und Diskriminierung mit ein (WHO 2015, 74). Diese Definition wird weltweit verwendet und kann als Referenz für dieses Phänomen gelten.

1 Gewalt im Alter: Eine gesellschaftliche Herausforderung

Im deutschsprachigen Raum wird i. d. R. von »Gewalt gegen ältere Menschen« oder »Gewalt gegen Pflegebedürftige« gesprochen (Krüger et al. 2020, 15; Suhr & Teubner 2020, 2). Die zwischenmenschliche Gewalt kann in »Gewalt in der Familie und unter Intimpartner*innen« sowie in »Gewalt unter nicht verwandten Personen« unterteilt werden. Die Misshandlung alter Menschen durch Familienangehörige oder weitere Betreuungspersonen ist, wie oben erwähnt, ein ernstzunehmendes soziales Problem. Im Kontext von häuslicher Gewalt steht demnach die Gewalt in der Familie und unter Intimpartner*innen im Vordergrund der folgenden Ausführungen.

Der Begriff *häusliche Gewalt* wird erst seit den 1980er Jahren (Gloor & Meier 2010, 17) verwendet, als das Thema Gewalt gegen Frauen aufgegriffen wurde und die ersten Frauenhäuser oder Häuser für misshandelte Frauen entstanden. Der Fokus lag dabei vor allem auf der Männergewalt gegen Frauen (ebd.). Die Lebensbedingungen von älteren pflegebedürftigen Menschen unterscheiden sich aufgrund körperlicher und kognitiver Einschränkungen von denen jüngerer Erwachsener. Ältere Menschen können durch ihre Einschränkungen von Betreuungspersonen abhängig sein und leben zudem oft sozial isoliert. Das Übereinkommen des Europarats zur Verhütung und Bekämpfung von Gewalt gegen Frauen und häusliche Gewalt umfasst eine Definition, die analog auch als Grundlage für häusliche Gewalt im Alter angewandt werden kann.

Häusliche Gewalt

Häusliche Gewalt sind »alle Handlungen körperlicher, sexueller, psychischer oder wirtschaftlicher Gewalt, die innerhalb der Familie oder des Haushalts oder zwischen früheren oder derzeitigen Eheleuten oder Partnerinnen beziehungsweise Partnern vorkommen, unabhängig davon, ob der Täter beziehungsweise die Täterin denselben Wohnsitz wie das Opfer hat oder hatte« (Art. 3 Abs. b des Übereinkommens des Europarats zur Verhütung und Bekämpfung von Gewalt gegen Frauen und häuslicher Gewalt vom 11. Mai 2011, Istanbul-Konvention, SR 0.311.35).

Die Gewalthandlungen finden meistens, wenn auch nicht immer, im eigenen Zuhause statt, also an einem Ort, der normalerweise als Ort von Sicherheit und Geborgenheit angesehen wird (WHO 2002). Unter den Begriff der häuslichen Gewalt werden verschiedene Gewaltformen zusammengefasst. Diese können entweder einzeln oder in Kombination beobachtet werden und es wird unterschieden, ob sie angedroht oder ausgeübt werden oder ob notwendige Handlungen zur Bedürfnisbefriedigung unterlassen werden. In Bezug auf den sensiblen Bereich der Betreuung und Pflege sind diese Unterscheidungen besonders wichtig. Zu beachten ist jedoch, dass Gewalt sowohl von der betreuenden als auch von der betreuten Person ausgehen kann und es oft schwierig ist, zwischen Tatperson und Opfer zu unterscheiden, oder dass eine Person gleichzeitig Opfer und Tatperson sein kann. Gewalt im häuslichen Kontext kann als situatives Gewaltverhalten oder als systematisches Gewaltverhalten auftreten, wobei die subjektive Bewertung der erlebten Gewalt eine wichtige Rolle spielt (bedrohlich, angstauslösend, schmerzhaft, nicht bedrohlich etc.) (EBG 2020, 7). Folgende Gewaltformen gibt es:

- *Körperliche Misshandlungen* sind tatsächliche oder angedrohte Handlungen, die zu körperlichen oder seelischen Verletzungen führen wie Schlagen, Treten, Würgen, Verabreichung von überdosierten Medikamenten, Anbinden oder Einsperren.
- *Psychische Misshandlungen* sind verbale oder nicht verbale Angriffe, die das Selbstbewusstsein oder die Würde einer Person angreifen respektive sie emotional verletzen und ihr seelische Schmerzen zufügen wie Beschimpfen, Erniedrigen, Drohen, Beschuldigen, Demütigen oder generell die Kommunikation mit der Person verweigern.
- *Finanzielle Misshandlung* liegt vor, wenn Geld oder Vermögen entwendet wird, die Verfügungsmacht unterbunden wird sowie bei Erpressung und Druck zur Eigentumsübertragung.
- *Vernachlässigung* liegt vor, wenn grundlegende Bedürfnisse der betreuten Person nicht oder ungenügend befriedigt werden wie das Unterlassen von Hilfeleistungen oder generell das Ignorieren der persönlichen Bedürfnisse.
- *Sexueller Missbrauch* liegt vor, wenn sexuelle Kontakte oder Handlungen ohne Einverständnis des*der Anderen vollzogen werden wie Ge-

schlechtsverkehr, Zwang zu sexuellen Handlungen oder unangenehme (unangebrachte) Berührungen z. B. beim Waschen.

Als eine weitere Misshandlung in der Betreuung und Pflege einer Person kann die Einschränkung der persönlichen Freiheit gesehen werden wie Beschränkung im persönlichen Tagesablauf, Verbot von Kontakten, soziale Isolation oder die Unterbindung der freien Wahl des Wohnorts bspw. durch eine erzwungene Einweisung in eine Pflegeeinrichtung.

Auch wenn oben als Gewaltform *Vernachlässigung* aufgeführt ist, greift dennoch oftmals das allgemeine Verständnis von Gewalt bzw. Misshandlung zu kurz (DIMR 2017, 19), da unter Gewalt häufig aktives Handeln gegen die Bedürfnisse einer Person verstanden wird. Gerade bei der Zielgruppe der betreuungsbedürftigen älteren Personen sind auch passive Gewaltformen einzubeziehen, die sowohl im privaten Kontext als auch in der institutionellen Pflege zu beobachten sind und bei denen es aus unterschiedlichen Gründen zu Vernachlässigungen teils mit fatalen Folgen für die Betroffenen kommen kann (Hartwig 2020, 19). So kann Vernachlässigung entweder aktiv, mit dem Wissen um die Bedürfnisse der betroffenen Person und möglichen Folgen stattfinden, oder auch passiv, wenn aufgrund fehlenden Wissens oder unbeabsichtigt die Bedürfnisse des Opfers nicht befriedigt werden. Dies kann z. B. aufgrund fehlender Ressourcen oder fehlendem Krankheitsverständnis der Fall sein (Baumeister & Beck 2017, 23 f.). Selbstvernachlässigung als Form der Selbstschädigung ist ein weiteres bekanntes Phänomen im Alter, das in den Blick zu nehmen ist. Selbstvernachlässigung kann die Folge von Schmerzen oder kritischen Lebensereignissen wie z. B. Verlust einer nahestehenden Person, altersbedingte Gebrechlichkeit oder eine demenzielle Erkrankung sein (ebd., 25). Durch Selbstvernachlässigung kann ein Zustand entstehen, der einerseits das Risiko, von Misshandlung betroffen zu sein, erhöht und andererseits einen Schutzbedarf herbeiführt.

Selbstvernachlässigung

Gogl (2014, 114) definiert Selbstvernachlässigung bei erwachsenen Personen als einen Mangel an Selbstpflege in den Bereichen Ernährung,

> Kleidung, Wohnung, Sicherheit und medizinische Versorgung sowie bei der Inanspruchnahme von Gütern und Dienstleistungen.

Gogl (2014) stellt weiter einen Zusammenhang zwischen Selbstvernachlässigung und Abhängigkeitserkrankungen fest, wobei beide Probleme sich schleichend bei pflegenden Angehörigen oder betreuten Personen entwickeln können. Bei einer Abhängigkeitserkrankung ist sowohl an Alkohol als auch an Medikamente wie Beruhigungs- und Schlafmittel zu denken.

1.2.2 Prävalenz von Gewalt in der häuslichen Betreuung alter Menschen

Häusliche Gewalt stellt nach wie vor aus verschiedenen Gründen ein anspruchsvolles Forschungsfeld dar, da das Thema vor allem im privaten Umfeld stark tabuisiert wird. Zudem sind die vorliegenden Studien nur eingeschränkt vergleichbar, da den Arbeiten, wie oben erwähnt, verschiedene Gewaltdefinitionen und Erhebungsinstrumente zugrunde liegen. Unbestritten ist, dass die verfügbaren Daten nur einen Teil der Fälle abdecken, da Gewalt im Alter in einer Abhängigkeitsbeziehung zwischen Tatperson und Opfer und von daher überwiegend im nicht-öffentlichen Raum stattfindet (Der Bundesrat 2020, 10; Suhr 2015, 22). Zudem können betroffene pflegebedürftige Menschen bspw. aufgrund kognitiver Einschränkungen nicht mehr in der Lage sein, über Gewaltvorfälle zu berichten. Deswegen ist von einer tendenziellen Unterschätzung der Prävalenz von Gewalt gegen ältere Menschen auszugehen (Suhr & Teubner 2020, 4; Der Bundesrat 2020, 10). Als gesichert kann jedoch gelten, dass in Betreuungs- und Pflegebeziehungen ein erhöhtes Risiko für Misshandlung und Vernachlässigung besteht (Suhr 2015, 22).

In Deutschland waren die sozialwissenschaftlichen Arbeiten von Dieck aus den 1980er Jahren und von Görgen, der seit den 2000er Jahren intensiv zum Thema Gewalt im Alter forscht, Ausgangspunkt für erste wissenschaftliche Erkenntnisse. Trotz des zunehmenden Forschungsinteresses fehlt es jedoch nach wie vor an verlässlichen Prävalenzzahlen (Schwedler & Zenz 2020, 87). International liegen ebenfalls kaum wissenschaftliche

1 Gewalt im Alter: Eine gesellschaftliche Herausforderung

Daten über die Häufigkeit von Gewaltfällen gegenüber pflegebedürftigen Menschen sowohl für die informelle Pflege als auch für die professionelle Pflege vor (Eggert & Sulmann 2020, 48). Diesbezüglich muss man sich mit Schätzungsbandbreiten zufriedengeben (Der Bundesrat 2020, 9).

In einer in Deutschland durchgeführten Bevölkerungsbefragung (n = 503) des Zentrums für Qualität in der Pflege (ZQP) (Suhr 2015, 22–24) gaben 14 % der interviewten Frauen und Männer, die Pflegeerfahrung mitbringen, an, dass sie sich schon mehrmals unangemessen gegenüber einem Pflegebedürftigen verhalten haben, 21 % gaben an, dies einmal getan zu haben. 40 % der Befragten haben selbst aggressives oder gewalttätiges Verhalten seitens pflegebedürftiger Menschen erlebt.

Yon et al. (2017, 147–155) haben auf der Grundlage einer Metaanalyse je nach Gewaltform 52 Studien aus 28 verschiedenen Ländern berücksichtigt, die Daten über die Prävalenz von Missbrauch und Vernachlässigung im vorangegangenen Jahr enthielten. Unter Berücksichtigung verschiedener Subtypen von Missbrauch wird gemäß den Forschenden auf der Grundlage verfügbarer Daten geschätzt, dass innerhalb eines Jahres weltweit jeder sechste Mensch im Alter ab 60 Jahren, der nicht in einer Institution lebt (15,7 %), mindestens eine Gewalterfahrung macht (ebd., 150). In der Metaanalyse von Yon et al. (ebd., 153) wird die Prävalenz von häuslicher Gewalt im Alter für Asien auf 20,2 %, für Europa auf 15,4 % und für den amerikanischen Kontinent auf 11,7 % geschätzt. Die Ergebnisse zeigen weiter, dass psychische Misshandlung mit einer Prävalenz von 11,6 % am häufigsten auftritt, gefolgt von finanzieller Ausbeutung (6,8 %). Seltener hingegen sind Vernachlässigung (4,2 %), körperliche Gewalt (2,6 %) und sexueller Missbrauch (0,9 %) (ebd., 152). Auffällig ist, dass es gemäß den Forschenden keine signifikanten Unterschiede in der Prävalenz der Opfer zwischen Männern und Frauen gibt.

Trotz dieser hohen Prävalenz, so Yon et al. (ebd., 154 f.), haben Missbrauch und Vernachlässigung an älteren Menschen nicht die gleiche Priorität in der Öffentlichkeit wie andere Formen von Missbrauch. Keiner der 169 Punkte unter den 17 nachhaltigen Entwicklungszielen der Vereinten Nationen (UN) erwähnt Missbrauch an älteren Personen. Im Gegensatz dazu soll explizit Gewalt gegen Frauen und Kinder beendet werden. Sofern die Bevölkerungsentwicklung konstant bleibt, wird sich gemäß den Forschenden die Zahl der Opfer von Missbrauch an älteren

Personen durch die älter werdende Gesellschaft drastisch erhöhen. Sie schätzen 330 Mio. Opfer für das Jahr 2050 (ebd.).

1.2.3 Ursachen und Risikofaktoren häuslicher Gewalt

Schimpfen, Drohen, Schütteln, Kratzen, Festbinden, Einsperren – Gewalt hat viele Facetten. Von Überforderung zu Tätlichkeiten ist oft ein kleiner Schritt. Oder wie es Hirsch (2010, 143) sagt: »Aus Hilfe kann durch Überforderung Gewalt werden.«

Ausgehend von unterschiedlichen theoretischen Ansätzen versuchen wissenschaftliche Untersuchungen zu erklären, wann und unter welchen Umständen es zu Gewalt im häuslichen Kontext kommt. Damit ist auch das Erkenntnisinteresse verbunden, häusliche Gewalt in der Praxis frühzeitig zu erkennen oder erst gar nicht entstehen zu lassen (Gloor & Meier 2010, 25). Die genannten Formen von Gewalt und Vernachlässigung spielen sich häufig in einer langjährigen Beziehung ab. Warum Gewalt gegen ältere Menschen in manchen Beziehungen oder Gesellschaften häufiger auftritt als in anderen, lässt sich nicht durch einen einzelnen Faktor erklären (Suhr & Teubner 2020, 5). Vielmehr spielen verschiedene Faktoren und Umstände zusammen, die auf unterschiedlichen Ebenen begründet sein können. Es gibt unterschiedliche Theorieansätze, die unterschiedliche Ebenen bzw. Ursachenfelder für Gewalt in den Blick nehmen. Abolfathi Momtaz et al. (2013, 182–184) geben einen Überblick über diese verschiedenen Ansätze. Insbesondere Risikofaktoren auf der individuellen Ebene sind verschiedentlich erforscht. Hierfür liegt eine robuste Evidenz vor (Suhr & Teubner 2020, 6). Im Folgenden werden diese Theorien kurz aufgezeigt.

Einige theoretische Modelle wie bspw. die *Theorie der Psychopathologie der Pflegenden* (Abolfathi Momtaz et al. 2013, 183) verweisen auf Gründe für die Misshandlung bei der Tatperson, die das Opfer betreut und pflegt und selbst z. B. unter Alkoholismus, einer Angststörung oder einer Depression leidet, was eine Gewaltentwicklung begünstigen kann. Andere wie bspw. die *Situational Theory* (ebd.) sehen die Ursache für die Misshandlung von Pflegebedürftigen in der Pflegebelastung der Betreuenden. Die *Rollen-Akkumulations-Theorie* bietet den Erklärungsansatz, dass die

Pflegebelastung zu einem Rollenkonflikt der pflegenden Person führen kann, wenn diese nicht mehr in der Lage ist, ihre verschiedenen Rollen wie Pflege von Angehörigen, Familienarbeit und Partnerschaft gleichzeitig zu bewältigen. Die *Soziale Austauschtheorie* (ebd., 182 f.) wiederum sieht die Gründe für Gewalt gegen ältere Menschen in der zunehmenden Abhängigkeit der Pflegebedürftigen, wenn Pflegende und Pflegebedürftige nicht in gleichem Maße von der Beziehung profitieren. Misshandlung kann aber auch aus einer Abhängigkeit der pflegenden Person (z. B. finanzielle oder soziale Abhängigkeit) resultieren. Das Gefühl der Ungleichheit in der Beziehung kann als Verstoß gegen soziale Erwartungen wahrgenommen werden. Die *Theorie des sozialen Lernens* (ebd., 184) erklärt, dass die betreuende Person über gewalttätiges Verhalten versuchen kann, die Kontrolle über die Situation wiederherzustellen, wenn Gewalt als innerfamiliäres Verhaltensmuster in die Pflegebeziehung hineinwirkt. Kinder haben also gewalttätiges Verhalten als Problemlösungsstrategie erlernt und werden in für sie subjektiv als problematisch erlebten Situationen ihren Eltern gegenüber später ebenfalls gewalttätig. Oder Partner*innen, die in ihrer Beziehung früher misshandelt wurden, werden später auch eher gewalttätig gegenüber ihren pflegebedürftigen Partner*innen.

Weitere Theorien, die die Risikofaktoren nicht primär auf individueller Ebene erklären, sind einerseits der *symbolische Interaktionismus*, mit dem auf unterschiedliche Werte und Erwartungen, die in verschiedenen Kulturen im zwischenmenschlichen Kontakt gelten, verwiesen wird. Andererseits die *feministischen Theorien*, die die Ursachen mit der besonderen Verletzlichkeit älterer Frauen begründen, bedingt durch die patriarchalen Familienstrukturen (ebd., 183 f.). Interessant in diesem Zusammenhang ist auch die *Routine Activity Theory*, nach der eine anwesende dritte Person einen hemmenden Effekt auf Gewaltanwendung zwischen Tatperson und Opfer ausüben kann. Umgekehrt kann die Abwesenheit einer beobachtenden Person die Anwendung von Gewalt begünstigen (Miro 2014, 1–7).

Krüger et al. (2020, 22) weisen darauf hin, dass die genannten Theorien nicht nur auf das Verständnis von Gewalt Einfluss haben, sondern davon abgeleitet auch Präventions- und Interventionsmaßnahmen entwickelt werden. Geht man bspw. davon aus, dass Misshandlung hauptsächlich aus einer Überforderung der pflegenden Person *(Rollen-Akkumulations-Theorie)* resultiert, dann wird der Fokus bei Interventionen auf Entlastungsangebote gesetzt. Mit Bezug jedoch auf die *Routine Activity Theory* wird man versuchen, eine dritte Person in das Betreuungssetting einzubeziehen, die einen hemmenden Effekt auf Gewaltanwendung zwischen Tatperson und Opfer ausüben kann. Die verschiedenen Theorien führen somit zu verschiedenen Präventionsansätzen.

Im Folgenden werden Risikofaktoren sowohl für betreuende Angehörige (▶ Tab. 1) als auch für pflegebedürftige ältere Personen (▶ Tab. 2) identifiziert, die im Rahmen einer Metaanalyse von 198 Studien, die das Problem der Gewalt im Alter im privaten Bereich untersucht haben, erarbeitet wurden (Storey 2018). Anhand dieser Studien konnten acht *Risikofaktoren für Tatpersonen* und acht *Vulnerabilitätsfaktoren für Opfer* herausgearbeitet werden. Die einzelnen Risikofaktoren werden mit der Risikoeinstufung anhand empirischer Belege durch die WHO ergänzt.

Tab. 1: Risikofaktoren bei betreuenden Angehörigen (Tatpersonen)

Körperliche Einschränkung Risikoeinstufung der WHO: keine Angaben	Verschiedene empirische Studien der letzten Jahre verweisen auf körperliche Probleme als Risikofaktor bei Tatpersonen. Hierunter zählen medizinische Probleme, Behinderungen und funktionale Einschränkungen. Pflegende vernachlässigen ihre Angehörigen, weil sie selbst eingeschränkt sind und Hilfe benötigen.
Psychische Erkrankung Risikoeinstufung der WHO: groß (bei Depression)	In den lebensbedrohlichsten Fällen von häuslicher Gewalt im Alter zeigt sich, dass die betreuende oder pflegende Person eine psychische Erkrankung hat. Der Anteil an Gewaltfällen von Tatpersonen mit psychischen Problemen wird auf 14 bis 35 % geschätzt. Depression wird in diesem Zusammenhang als eines der häufigsten Probleme erkannt. Kognitive Einschränkungen und eine demenzielle Entwicklung sind weitere Risikofaktoren.
Substanzmissbrauch Risikoeinstufung der WHO: groß	Viele Studien legen nahe, dass ältere Personen dem höchsten Risiko ausgesetzt sind, wenn ihre Pflegenden ein Substanzproblem haben. Der Anteil an gewaltausübenden Pflegenden mit Substanzmissbrauch wird auf 20 bis 50 % geschätzt. Hier zeigt sich, dass verschiedene Risikofaktoren sich gegenseitig beeinflussen. Z. B. kann ein Suchtproblem dazu führen, dass eine betreuende Person arbeitslos wird und in der Folge finanziell von der pflegebedürftigen

1 Gewalt im Alter: Eine gesellschaftliche Herausforderung

Tab. 1: Risikofaktoren bei betreuenden Angehörigen (Tatpersonen) – Fortsetzung

	Person abhängig ist. Personen, die Substanzen missbrauchen, haben generell eine niedrigere Impulskontrolle. Ob unter dem Einfluss von Substanzen oder vordergründig mit der Beschaffung von Substanzen beschäftigt, kann beides dazu führen, dass die Pflege der pflegebedürftigen Person nicht priorisiert wird.
Abhängigkeit (finanziell, emotional, funktional oder sozial) Risikoeinstufung der WHO: groß	Ursprünglich ging man davon aus, dass Missbrauchssituationen häufiger entstehen, wenn die pflegebedürftige Person von der betreuenden Person abhängig ist. Die Studien belegen jedoch, dass die Abhängigkeit der betreuenden Person ebenfalls ein dominanter Risikofaktor ist. Am häufigsten führt eine finanzielle Abhängigkeit oder die gemeinsame Wohnsituation, z. B. durch Arbeitslosigkeit der betreuenden Person bedingt, zu Missbrauchsfällen. Besonders relevant ist dieser Faktor, wenn die gewaltausübende Person Sohn oder Tochter des Opfers ist. Pflegende Personen, die finanziell oder emotional auf Unterstützung der gepflegten Person angewiesen sind, fühlen häufiger eine Wut oder Frustration gegenüber dieser, was zu Misshandlung führen kann.
Stress und fehlende Anpassungsstrategien Risikoeinstufung der WHO: keine Angaben	Studien zeigen, dass insbesondere die subjektiv wahrgenommene Belastung der pflegenden Person mit Missbrauch und Vernachlässigung zusammenhängt, weniger die tatsächliche Betreuungsintensität. Auch Stress, der nicht in direktem Zusammenhang mit der Pflegesituation steht, kann ein Risikofaktor sein, wenn diese Belastung externalisiert und auf die pflegebedürftige Person übertragen wird. Personen, die bessere Anpassungsstrategien im Umgang mit Stress haben, werden weniger häufig zu aggressivem Verhalten neigen. Resilienz der pflegenden Person gilt somit als protektiver Faktor gegen Missbrauch.
Problematische Einstellungen Risikoeinstufung der WHO bei negativen Einstellungen gegenüber älteren Menschen:	Intoleranz gegenüber Verhaltensweisen der pflegebedürftigen Person oder Hemmungen, die Rolle einer pflegenden Person zu übernehmen, sind weitere Risikofaktoren. Personen, die ältere Menschen generell als Last in der Gesellschaft wahrnehmen oder die wenig Erfahrung mit Pflegesituationen mitbringen, können das Verhalten der

1.2 Gewaltverständnis und Ausmaß von Gewalt im Alter

Tab. 1: Risikofaktoren bei betreuenden Angehörigen (Tatpersonen) – Fortsetzung

unzureichende Datenlage	betreuten Person falsch interpretieren (sie als stur oder frustriert wahrnehmen).
Viktimisierungserfahrung Risikoeinstufung der WHO: keine Angaben	Viele Gewaltanwendende gegenüber älteren Personen waren entweder Zeugen von Gewalt an Kindern oder selbst Opfer von Gewalt in der Kindheit oder in der Partnerschaft. Häufig besteht die Opfer-Tatperson-Beziehung bereits seit vielen Jahren.
Beziehungsprobleme Risikoeinstufung der WHO, wenn das Opfer mit der gewaltausübenden Person allein lebt: groß	Pflegende, die sozial isoliert sind oder in Konflikt mit anderen Personen stehen, sind ein weiterer Risikofaktor. Damit einhergehend kann die betreuende Person sozial von der betreuten Person abhängig sein. Soziale Isolation ist zudem riskant, da Missbrauchssituationen von außen kaum erkennbar sind.

Eigene Darstellung anhand der Metaanalyse von Storey (2018), ergänzt um die Risikoeinstufung der WHO (2015, 74)

Tab. 2: Vulnerabilitätsfaktoren für pflegebedürftige ältere Menschen (Opfer)

Körperliche Einschränkung Risikoeinstufung der WHO: groß	Untersuchungen zeigen, dass mit Zunahme körperlicher Einschränkungen das Risiko steigt, von Gewalt betroffen zu sein. Eingeschränkte Mobilität kann vermehrt zu sozialer Isolation führen, sodass die geschützte Privatsphäre das Risiko zusätzlich erhöht, da der Einblick durch Außenstehende erschwert ist.
Psychische Erkrankung Risikoeinstufung der WHO: groß (bei Depression und kognitiver Beeinträchtigung)	Einer der größten Risikofaktoren für die Betreuten ist das Vorhandensein einer Verhaltensstörung, wie sie z. B. bei demenzkranken Menschen üblich ist. Pflegende Angehörige berichten, dass sie sich durch die Verhaltensweisen der älteren Person blamiert oder bloßgestellt fühlten oder aber die erkrankte Person selbst gegenüber der betreuenden Person gewalttätig wurde.
Substanzmissbrauch	Ältere Personen, die Substanzen missbrauchen, haben ein höheres Risiko, Opfer von Gewalt zu werden als ältere

1 Gewalt im Alter: Eine gesellschaftliche Herausforderung

Tab. 2: Vulnerabilitätsfaktoren für pflegebedürftige ältere Menschen (Opfer)
– Fortsetzung

Risikoeinstufung der WHO: keine Angaben	Menschen, die keine Substanzen missbrauchen. Personen, die Probleme mit Substanzkonsum haben, leben häufiger in einem instabileren Umfeld (finanziell und emotional) und neigen eher zu Selbstvernachlässigung. Auch ist die Fähigkeit, sich selbst zu schützen, wenn eine Situation zu eskalieren droht, vermindert. Personen mit Substanzmissbrauch neigen eher zu aggressiven und provokativen Verhaltensweisen, was das Viktimisierungsrisiko zusätzlich erhöht.
Abhängigkeit von der betreuenden/ pflegenden Person Risikoeinstufung der WHO: groß (bei bedeutender Beeinträchtigung)	Besonders zu beachten ist, dass ältere Menschen vielfach nur über ein sehr kleines soziales Netz verfügen und in hohem Maß abhängig von der Betreuungsperson sind, was dazu führen kann, dass sie sich scheuen, über Gewalterlebnisse durch die betreuende Person zu sprechen.
Stress und fehlende Anpassungsstrategien Risikoeinstufung der WHO: keine Angaben	Stress und fehlende Anpassungsstrategien können einerseits der Misshandlung vorausgehen oder auch das Resultat von Misshandlungen sein. Personen mit geringer Selbstkontrolle in Problemsituationen, einer Tendenz, frustriert und wütend oder mit Vermeidungsverhalten zu reagieren, sind mit höherer Wahrscheinlichkeit von Gewalt im Alter betroffen. Selbstvernachlässigung ist eine weitere Manifestation von fehlenden Anpassungsstrategien und birgt ebenfalls ein höheres Risiko, viktimisiert zu werden, da Personen, die sich selbst vernachlässigen, auch keine medizinische Hilfe suchen, wenn sie diese bräuchten.
Problematische Einstellungen Risikoeinstufung der WHO: keine Angabe	Es gibt Einstellungen, die das Risiko, von Gewalt betroffen zu sein, begünstigen, z. B. die Tendenz, sich selbst Schuld zu geben, sich selbst zu erniedrigen oder gewalttätiges Verhalten zu entschuldigen. Solche Einstellungen stellen ein weiteres Risiko dar, weil das Opfer nicht seine eigene Sicherheit priorisiert. Diese Opfer werden weiterhin mit ihren gewalttätigen Angehörigen zusammenleben. Da die gewalttätige Person keine Konsequenzen erlebt, wird der Missbrauch fortgesetzt. Aus vielen Gründen können Opfer solche Einstellungen haben, z. B. Angst davor, dass sie in eine stationäre Einrichtung eingewiesen werden oder dass

Tab. 2: Vulnerabilitätsfaktoren für pflegebedürftige ältere Menschen (Opfer) – Fortsetzung

	ihre Angehörige rechtliche Konsequenzen erleben, oder sie können Scham empfinden. Scham spielt besonders in Kulturkreisen eine Rolle, in denen die familiäre Solidarität eine wichtige Rolle einnimmt.
Viktimisierungserfahrung Risikoeinstufung der WHO: keine Angabe	Frühere Viktimisierungserfahrungen erhöhen das Risiko für Viktimisierung im Alter. Verschiedene Studien belegen den Zusammenhang mit früher erlebtem körperlichen Missbrauch und Vernachlässigung in der Kindheit oder auch Gewalt in Partnerschaftsbeziehungen als spezifischen Faktor, der das Risiko erhöht.
Beziehungsprobleme Risikoeinstufung der WHO bei sozialer Isolation: groß	Eine belastete Beziehung zwischen Tatperson und Opfer ist immer wieder als Vulnerabilitätsfaktor identifiziert worden. Ältere Menschen, die eher konflikthafte Beziehungen mit ihrem Umfeld haben, haben folglich ein höheres Risiko, Gewalt im Alter zu erfahren. Auch fehlende Beziehungen (soziale Isolation) gehören zu den Risikofaktoren. Soziale Unterstützung ist dagegen ein protektiver Faktor gegen Missbrauch und hilft auch, Gewaltsituationen früher zu entdecken und entsprechend erfolgreich intervenieren zu können.

Eigene Darstellung anhand der Metanalyse von Storey (2018), ergänzt um die Risikoeinstufung der WHO (2015, 74)

Weitere Risikofaktoren für Opfer, die von Storey (2018) in ihrer Metanalyse nicht herausgearbeitet wurden, jedoch durch die WHO (2015, 74) als moderat bis groß identifiziert werden, sind *geringer sozio-ökonomischer Status*, *finanzielle Abhängigkeit* und *Angehörigkeit einer ethnischen Minderheit*.

Interessanterweise sind es dieselben Risikofaktoren für Tatpersonen und Vulnerabilitätsfaktoren für Opfer, wenn auch mit unterschiedlichen Auswirkungen, die sowohl von Storey als auch zum Teil durch die WHO identifiziert wurden. Deutlich erkennbar ist, dass sich einzelne Faktoren gegenseitig bedingen und bspw. eine Substanzabhängigkeit der betreuenden Person zu fehlenden Anpassungsstrategien und/oder einer finanziellen Abhängigkeit vom Opfer führen kann. Dass die bisherige Beziehung der involvierten Parteien und die zugrundeliegenden Beziehungsmuster einen weiteren Einfluss auf die mögliche Entwicklung eines Gewaltzyklus haben, zeigt sich ebenfalls.

1.3 Auswirkungen auf Betroffene

Gewalt und Vernachlässigung in der häuslichen Betreuung alter Menschen stellen nicht immer Straftatbestände dar. Auch wenn keine strafbaren Handlungen vorliegen, können sie sowohl die Rechte als auch die Gesundheit der Opfer tangieren (Der Bundesrat 2020, 11). Untersuchungen zeigen, dass in der häuslichen Betreuung alter Menschen sowohl die betreuungsbedürftige Person als auch die pflegende Person Gewalt anwenden oder erleiden und teilweise zugleich Opfer und Tatperson sein können (Baumeister & Beck 2017, 34). Betrachtet man die Gesamtsituation differenzierter, auch mit Blick auf die Art der Beziehung, in der diese Handlungen geschehen, »so öffnet sich oft ein Abgrund von Hilflosigkeit, Verzweiflung, Ohnmacht, totaler Überlastung, Scham und sozialer Isolation« (Hirsch 2005, 2). Auch pflegende Angehörige können sich von Pflegebedürftigen unter Druck gesetzt fühlen oder werden verbal oder körperlich angegriffen. Die Einteilung nach den Kategorien *Opfer* und *Tatperson* greift meist zu kurz, da beide Parteien unter dieser Situation leiden. Vielmehr ist es angezeigt, das gesamte System in den Blick zu nehmen. Meist handelt es sich um sehr belastete Lebensbereiche und es nützen weniger strafrechtliche Interventionen als vielmehr ein rascher Zugang zu Unterstützungsangeboten, denn, so Hirsch (ebd.): »Zwischenmenschliche Beziehungen sind entgleist und bedürfen akuter Hilfe von außen.«

Zu den Auswirkungen von Gewalt in häuslichen Pflegebeziehungen äußern sich verschiedene Autor*innen. Am meisten Gewicht erhalten die Befunde über physische und psychische Folgen für die Opfer. Aussagen zu den sozialen Folgen in Bezug auf die Beziehung zwischen Pflegenden und Gepflegten sind seltener (Baumeister & Beck 2017, 35). Als problematisch zeigt sich insbesondere bei Langzeitstudien, dass die Sterblichkeit der

Proband*innen, die bereits in fortgeschrittenem Alter sind, sehr hoch ist. Eine Studie von Lachs et al. (1998, zit. nach Storey 2018) belegt, dass Opfer von Misshandlung und Gewalt im Alter eine dreifach höhere Sterblichkeit innerhalb von neun Jahren haben im Vergleich zu Personen, die keine Misshandlung erlebten.

1.3.1 Folgen für die pflegebedürftige Person

Am ehesten werden sichtbare Verletzungen als unmittelbare Folge von Gewalt in der häuslichen Betreuung und Pflege älterer Menschen wahrgenommen. Verletzungen, die durch physische Übergriffe erlitten werden, reichen von sehr leichten bis hin zu schwerwiegenden, das heißt von Hämatomen, Prellungen und Verstauchungen über Platzwunden und Verbrennungen am Körper bis hin zu Gehirnerschütterung, Kopfverletzungen, Frakturen oder inneren Verletzungen (EBG 2020, 10). Das Erleben von Gewalt kann auch unmittelbar mit psychischen Folgeproblemen einhergehen, insbesondere mit Angstgefühlen, Schlafstörungen, Leistungs- und Konzentrationsschwierigkeiten oder erhöhtem Medikamenten- und Alkoholkonsum. Weiter sind in Forschungsarbeiten zahlreiche psychische Belastungen und Störungen beschrieben, hierunter zählen insbesondere Depressionen, Stresssymptome, Essstörungen sowie posttraumatische Belastungsstörungen bis hin zu Suizidalität (ebd.).

Besonders zu beachten ist, was auch bei den Risikofaktoren nach Storey (2018) aufgeführt wird (▶ Kap. 1.2.3), dass ältere Menschen vielfach nur noch über ein kleines soziales Netz verfügen und in hohem Maß abhängig von der Betreuungsperson sind. Das heißt, sie haben möglicherweise keine weiteren Vertrauenspersonen, denen sie über Vernachlässigung oder Misshandlung berichten könnten. Weiter hindern familiäre Bindung und Loyalität sie unter Umständen daran, Außenstehenden Einblick in die Situation zu geben. Oder sie sind nicht in der Lage, darüber zu berichten, weil sie kognitiv eingeschränkt sind. Das bedeutet, dass Misshandlungssituationen fortdauern, ohne dass sie von außen erkannt werden.

1.3.2 Folgen für betreuende Angehörige

Unter pflegenden Angehörigen werden i.d.R. neben den Familienmitgliedern auch Freund*innen, Bekannte und Nachbar*innen subsummiert, die persönlichen, nicht professionellen Bezug zur hilfsbedürftigen Person pflegen und diese auf unterschiedliche Weise unterstützen (Nowossadeck, Engstler & Klaus 2016; Wilz & Pfeiffer 2019, 3). In den meisten Untersuchungen wird für die Bezeichnung »pflegende Angehörige« auch der zeitliche Umfang der betreuerischen und pflegerischen Leistung als Kriterium miteinbezogen. Von pflegenden Angehörigen wird gemeinhin gesprochen, wenn die Unterstützung während mindestens ein bis zwei Stunden pro Tag geleistet wird (Wilz & Pfeiffer 2019, 3).

Pflegende Angehörige leiden, verglichen mit gleichaltrigen Personen, die keine Betreuungs- oder Pflegeaufgaben haben, häufiger an körperlicher Erschöpfung, Schmerzen des Bewegungsapparats und an Magen- und Herzbeschwerden. Sie geben an, dass ihre Lebensqualität unter dieser Belastung erheblich leidet (Hirsch 2005, 6). Pflegende Angehörige leiden auch vermehrt an depressiven Symptomen, negativem Stress und Angstzuständen und konsumieren mehr Psychopharmaka.

Wie bereits erwähnt, werden Überlastung und Überforderung der Betreuenden in einem ursächlichen Zusammenhang mit Misshandlung bzw. Vernachlässigung gesehen. In der Studie von Eggert, Schnapp und Sulmann (2018, 8) berichten viele der befragten pflegenden Angehörigen (n = 1006) von Belastungen und Belastungssymptomen sowie von negativen Gedanken und Gefühlen gegenüber der pflegebedürftigen Person. Ein Drittel fühlt sich z.B. häufig niedergeschlagen, gut ein Viertel gibt an, häufig wütend oder verärgert zu sein, und über die Hälfte der Befragten haben in den letzten sechs Monaten mindestens einmal das Gefühl gehabt, dass die pflegebedürftige Person ihre Hilfe nicht zu schätzen wisse. Über ein Viertel gibt an, sich mindestens zeitweise vor der pflegebedürftigen Person geekelt zu haben. 32% der Befragten berichten auch, dass sie innerhalb der letzten sechs Monate psychische Gewalt gegen die pflegebedürftige Person angewendet haben, 11% geben Vernachlässigung und 12% körperliche Gewalt an. Auch freiheitsentziehende Maßnahmen werden erwähnt (6%). Weiter berichten etwa 45% der Angehörigen, dass gegen sie psychische Gewalt durch die gepflegte Person ausgeübt wurde (ebd.).

Sethi et al. (2011) berichten, dass etwa ein Drittel der befragten pflegenden Angehörigen in den untersuchten europäischen Ländern von Misshandlungen gegenüber den pflegebedürftigen Angehörigen berichten. Hinter diesen Gewalthandlungen steht i.d.R. keine Schädigungsabsicht. Ebenfalls berichtet werden Schuld- und Schamgefühle, die mit der Misshandlung einhergehen, wobei festzuhalten ist, dass die Reflexion dieser belastenden Gefühle nicht automatisch zu einer Reduktion der Misshandlungssituationen führt, denn »die Beschäftigung mit Schuld allein führt eher zu einer Stabilisierung eines Systems und weniger zu Veränderungen« (Hirsch 2005, 4). In der Beratung ist es deswegen bedeutsam, das Betreuungssystem zu unterstützen und Angehörige von ihrer Aufgabe zu entlasten. Es ist daher wichtig, das oben genannte Belastungserleben in einen ursächlichen Zusammenhang mit dem als subjektiv schuldhaft bewerteten Handeln zu stellen. So ist zu erklären, dass in einer Untersuchung zum Befinden pflegender Angehöriger nach dem Tod der gepflegten Person viele der Befragten über den Tod hinaus von Schuldgefühlen geplagt werden, wiederkehrende Gedanken an Pflegesituationen haben und diese innerlich nicht abschließen können. Der Trauerprozess wird dadurch erheblich beeinträchtigt und der Aufbau einer integrierten Beziehung zur verstorbenen Person ist erschwert (Opterbeck, Schacke & Zank 2010, 521–535).

Auf den Punkt gebracht

In den letzten 30 Jahren hat Gewalt gegen ältere Menschen in Pflegebeziehungen immer mehr Aufmerksamkeit erhalten. Mittlerweile sind viele Risikofaktoren bekannt, die sich auf die beteiligten Personen, deren Beziehung und das soziale Umfeld sowie auf die Gesellschaft beziehen (psychische und physische Einschränkungen, Substanzmissbrauch, soziale Isolation und Beziehungsprobleme, gegenseitige Abhängigkeit, Stress und fehlende Anpassungsstrategien sowie frühere Gewalterfahrungen). Dennoch wird Gewalt gegen ältere Menschen, im

Gegensatz zu Gewalt gegen Kinder oder Frauen, immer noch eher vernachlässigt (vgl. Entwicklungsziele der UN).

Beim Erfassen der Prävalenz von Gewalthandlungen zeigt es sich als erschwerend, dass bis heute keine einheitliche Definition von Gewalt existiert. Wie der Gewaltbegriff definiert wird, hängt davon ab, welche Handlungen oder fehlenden Handlungen subsummiert werden. Die Definition der WHO, auf die international immer wieder verwiesen wird, stellt hier einen guten Ansatzpunkt dar. Hiernach wird Gewalt als eine einmalige oder wiederholte Handlung oder Unterlassung einer angemessenen Handlung innerhalb einer Vertrauensbeziehung bezeichnet, wodurch einer älteren Person Verletzungen oder Leid zugefügt wird. Unter den Begriff der häuslichen Gewalt werden verschiedene Gewaltformen wie körperliche, psychische, finanzielle und sexuelle Misshandlung als auch Vernachlässigung subsumiert, die sowohl einzeln als auch in Kombination auftreten können.

Wird die Gesamtsituation, in der Gewalt im Rahmen von Pflegebeziehungen im häuslichen Umfeld entsteht, differenziert betrachtet, so wird deutlich, dass eine Einteilung nach den Kategorien Tatperson und Opfer häufig zu kurz greift, da beide Parteien unter dieser Situation leiden. Es zeigen sich sowohl bei der pflegebedürftigen als auch bei der betreuenden Person negative Auswirkungen.

Bei den Folgen, die das Gewaltgeschehen verursacht, werden sichtbare Verletzungen wie z. B. Hämatome, Prellungen oder Platzwunden bis hin zu Kopfverletzungen und Frakturen am ehesten wahrgenommen. Das Erleben von Gewalt kann jedoch auch mit psychischen Folgen wie Angst, Schlafstörungen oder erhöhtem Medikamenten- und Alkoholkonsum bis hin zu Depressionen sowie posttraumatischen Belastungsstörungen einhergehen. Die Überlastung der Betreuenden wird in einem ursächlichen Zusammenhang mit Misshandlung oder Vernachlässigung gesehen. Betreuende leiden entsprechend unter Schuld- und Schamgefühlen von denen sie bis über den Tod des Angehörigen hinaus geplagt werden können.

Reflexionsfragen

- Warum sind ältere Menschen in besonderem Maße eine verletzliche Gruppe?
- Wie wird Gewalt definiert und in welchen Formen tritt Gewalt in der häuslichen Betreuung alter Menschen auf?
- Wie wird international die Prävalenz von Gewalt und Vernachlässigung im Alter eingeschätzt?
- Welche wissenschaftlichen Erkenntnisse gibt es zu den Risiko- und Schutzfaktoren bei Gewalt und Vernachlässigung in der häuslichen Betreuung und Pflege alter Menschen?

Weiterführende Literatur

WHO – World Health Organization (2015): World Report on Ageing and Health. Geneva: WHO.

Abolfathi Momtaz, Yadollah, Hamid, Tengku Akizan & Ibrahim, Rahimah (2013): Theories and Measures of Elder Abuse. In: Psychogeriatrics. The Official Journal of the Japanese Psychogeriatric Society, 13 (3), 182–188.

Krüger, Paula, Bannwart, Cécile, Block, Lea & Portmann, Rahel (2020): Beiträge zur sozialen Sicherheit »Gewalt im Alter verhindern«, Grundlagenbericht, Forschungsbericht Nr. 2/20. Bern: Bundesamt für Sozialversicherungen.

2 Angehörige in der häuslichen Betreuung und Pflege

Überblick

Ältere betreuungs- und pflegebedürftige Personen ab 60 Jahren werden im deutschsprachigen Raum zum größten Teil zu Hause durch Angehörige oder Personen aus dem sozialen Umfeld gepflegt. Die Übernahme dieser Betreuungs- und Pflegeaufgabe verändert die Lebenssituation aller Beteiligten grundlegend. Wie sich diese Pflegesituation für die Betreuenden und Pflegenden gestaltet und entwickelt, hängt von vielen Faktoren ab.

Im folgenden Kapitel werden zunächst verschiedene Formen von häuslichen Betreuungsarrangements vorgestellt (▶ Kap. 2.1) und das Ausmaß informeller Hilfe und Unterstützung für ältere Menschen wird aufgezeigt (▶ Kap. 2.2). Dass die Pflege und Betreuung eines Familienmitglieds für die Betreuenden oft mit gesundheitlichen und sozialen Folgen einhergehen, wird weiter in diesem Kapitel thematisiert (▶ Kap. 2.4). Die Pflege eines Angehörigen ist selten eine geplante Tätigkeit, sie ergibt sich oft als Resultat einer zunehmenden Hilfe- und Pflegebedürftigkeit eines Angehörigen. Pflegende Angehörige nennen Zuneigung und Liebe, gefolgt von Gefühlen persönlicher Verpflichtung als Hauptmotive für die Pflegeübernahme. Wie verschiedene Beziehungsqualitäten (▶ Kap. 2.5) und Motive für die Pflegeübernahme (▶ Kap. 2.3) auch Auswirkungen auf die Belastungen und Einfluss auf die Inanspruchnahme von Hilfe haben (▶ Kap. 2.6), ist ebenfalls Gegenstand dieses Kapitels.

2.1 Formen häuslicher Betreuungsarrangements

Viele ältere Menschen wünschen sich, trotz gesundheitlicher Einschränkungen in der gewohnten Umgebung bleiben zu können. In einem solchen Fall übernehmen mehrheitlich Angehörige oder nahestehende Bezugspersonen die Hilfestellungen. Häusliche Unterstützung und Pflege alter Menschen finden in unterschiedlichen Betreuungsarrangements statt. Zu unterscheiden ist einerseits die Haushaltssituation von betreuter und betreuender Person und andererseits die Art und Weise der Pflege- respektive Betreuungskonstellation. Besonders bei hohem Betreuungs- und Pflegebedarf kann diese im häuslichen Setting nur geleistet werden, wenn pflegende und gepflegte Person im selben Haushalt leben. Am häufigsten handelt es sich um eine Frau, die ihren pflegebedürftigen Partner pflegt. Ein solches Setting ist mit hohen physischen und insbesondere psychischen Belastungen für die betreuende Person verbunden (Kaschowitz 2021, 75). Die pflegende und die gepflegte Person sind i. d. R. einander vertraut, es besteht meist eine langjährige Beziehung, die vorteilhaft für die Pflegekonstellation sein kann. Die paarbezogene Pflege ist jedoch abhängig von der früheren Beziehung, das heißt, eine früher schlechte Beziehung belastet auch die häusliche Pflege und Betreuung. Nachteilig bei diesem Pflegesetting kann sich zudem auswirken, wenn die betreuende Person ebenfalls von altersbedingten Einschränkungen betroffen ist (Höpflinger 2017, 159 f.).

Viele ältere Menschen leben jedoch allein (wenn bspw. der*die Partner*in bereits verstorben ist) und bevorzugen deswegen eine Kombination von eigener Haushaltsführung und sicherer Betreuung und Pflege durch Angehörige oder eine nahestehende Bezugsperson, die entweder im selben Haus wohnt oder in unmittelbarer Nachbarschaft. Dieses Muster findet man häufiger in ländlichen Regionen. Die Pflege wird meist von einer Tochter oder Schwiegertochter übernommen, vielfach ergänzt durch ambulante Dienste. Die Grenzen dieses Modells sind dann gegeben, wenn der Betreuungsaufwand zu groß wird, wie z. B. durch eine fortgeschrittene demenzielle Entwicklung der gepflegten Person, und eine durchgehende Betreuung notwendig wird.

Eine häufige Pflegekonstellation bei alleinstehenden alten Menschen sieht so aus, dass insbesondere Pflegeleistungen im engeren Sinn durch ambulante Pflegedienste organisiert sind und die Betreuung durch Bezugspersonen geleistet werden. Letztere kann bspw. durch Hilfe beim Einkaufen, im Haushalt, bei administrativen Arbeiten oder bei der Organisation von Pflegeleistungen erfolgen. Bei erhöhtem Betreuungs- und Pflegebedarf ist häufig ein Wechsel in eine stationäre Einrichtung notwendig (Höpflinger 2017, 160). Tabelle 3 gibt Aufschluss über die genannten Formen häuslicher Pflege und Betreuung (ebd., 159) (▶ Tab. 3).

Tab. 3: Formen häuslicher Betreuung

Pflegende und gepflegte Person im gleichen Haushalt	Pflegende und gepflegte Person im gleichen Haus mit getrennten Wohneinheiten	Pflegende und gepflegte Person an getrennten Wohnorten
Wer pflegt		
Am häufigsten pflegen Ehepartnerinnen ihren Ehepartner, gefolgt von einer Tochter oder einem Sohn, die einen Elternteil pflegen. Zunehmend sind auch Pflegemigrantinnen im Einsatz.	Am häufigsten pflegt die Tochter oder der Sohn einen Elternteil, selten eine Person aus der Nachbarschaft. Häufiges Modell in ländlichen Regionen.	Betreuung und Pflege wird häufig durch verschiedene Personen gewährleistet. Meist werden die Betreuungsleistungen durch Angehörige übernommen.
Beizug professioneller Dienste		
Pflege und Betreuung wird meist ohne professionelle Dienste oder teilweise unter Einbezug professioneller Dienste geleistet.	Betreuung und Pflege durch Angehörige wird teilweise kombiniert mit professionellen Diensten.	Für die Pflege im engeren Sinn wird ein professioneller Dienst beauftragt.
Gefahren und Grenzen der häuslichen Betreuung		

Tab. 3: Formen häuslicher Betreuung – Fortsetzung

Pflegende und gepflegte Person im gleichen Haushalt	Pflegende und gepflegte Person im gleichen Haus mit getrennten Wohneinheiten	Pflegende und gepflegte Person an getrennten Wohnorten
Gefahren des Modells liegen in der Überlastung der Pflegeperson.	Grenzen des Modells bestehen bei intensivem Betreuungs- und Pflegebedarf.	Grenzen des Modells bestehen bei intensivem Betreuungs- und Pflegebedarf.

Eigene Darstellung

2.2 Ausmaß informeller Betreuung und Pflege älterer Menschen

Das Ausmaß an häuslicher Betreuung und Pflege lässt sich nicht leicht beziffern. So ist nicht immer klar, was genau unter einer häuslichen Versorgung verstanden wird. Unklar ist oft auch, ob die Daten auch soziale Unterstützung und Hilfeleistungen berücksichtigen (▶ Kap. 1.1: IADL) oder sich nur auf Pflegeleistungen im engeren Sinn konzentrieren (▶ Kap. 1.1: ADL).

Die häusliche Pflege und Betreuung von älteren Menschen werden im deutschsprachigen Raum mehrheitlich durch Angehörige geleistet. Gemäß dem Bundesministerium für Familie, Senioren, Frauen und Jugend (Statistisches Bundesamt 2023) waren Ende 2019 rund 4,1 Mio. Menschen pflegebedürftig, etwa 80 % (3,31 Mio.) davon wurden zu Hause versorgt. 4,8 Mio. Menschen haben jemanden zu Hause gepflegt, davon sind 2,5 Mio. noch erwerbstätig und etwas mehr als 70 % sind Frauen. 2017 wurde gut ein Viertel aller Pflegebedürftigen in Deutschland zu Hause allein durch Angehörige (ohne professionelle Hilfe) betreut und gepflegt (Statistisches Bundesamt 2018). Bei knapp einem Drittel der Pflegebedürftigen, die ebenfalls in Privathaushalten lebten, erfolgte die Pflege entweder in Zusammenarbeit von Angehörigen und Pflegediensten oder ausschließlich durch ambulante Pflegedienste. 81% der Pflegebedürftigen waren 65 Jahre und älter und 35% waren 85 Jahre und älter. Die Mehrheit der Pflegebedürftigen (63%) waren Frauen (Statistisches Bundesamt 2018).

Eine repräsentative Bevölkerungsbefragung in der Schweiz (n = 54.175) (Otto et al. 2019a, 18–20) zeigt, dass 7,6% aller in der Schweiz lebenden Personen ab 16 Jahren Betreuungs- und/oder Pflegeaufgaben für eine nahestehende Person leisten. Knapp mehr als die Hälfte dieser Personen sind Frauen (54,3%). Das mittlere Alter aller betreuenden Angehörigen beträgt 54 Jahre. Verglichen mit der Grundgesamtheit der erwachsenen Bevölkerung in der Schweiz zeigt sich, dass Personen unter 50 Jahren eher selten eine nahestehende Person betreuen und im Alter von 59 Jahren die Wahrscheinlichkeit, Betreuungsarbeit zu leisten, am größten ist. Fast die Hälfte aller betreuten Personen in der Schweiz sind hochaltrig (ab 80 Jahren) und rund 40% aller betreuten Personen leben allein (ebd., 25). Menschen im höheren Erwerbsalter betreuen überwiegend ihre Eltern oder Schweigereltern, Menschen im höheren und hohen Alter hingegen betreuen am häufigsten ihren Partner oder ihre Partnerin (ebd., 20).

Nach Nowossadeck, Engstler und Klaus (2016, 3) sind zwei Drittel der informell Pflegenden in Deutschland erwerbstätig (unter 65 Jahren). Dies deckt sich mit Daten aus der Schweiz, wo ebenfalls knapp zwei Drittel aller betreuenden Angehörigen erwerbstätig sind (Otto et al. 2019a, 20f.). 34% der erwerbstätigen Hauptpflegepersonen in Deutschland schränken ihren Erwerbsumfang ein und 15% geben die Erwerbstätigkeit aufgrund der Pflege vollständig auf (Nowossadeck, Engstler & Klaus 2016, 3). Auch in der Schweiz verändern 20% der Erwerbstätigen wegen der Betreuungsarbeit ihre Erwerbssituation, ein großer Anteil der Angehörigen mit hoher Betreuungsintensität arbeitet Teilzeit (Otto et al. 2019a, 20f.). Erwerbstätige in Deutschland bemängeln die Möglichkeiten der Vereinbarkeit von Beruf und Pflege und wünschen sich, ihre Arbeitszeit während dieser Unterstützungsleistung flexibler gestalten zu können (Nowossadeck, Engstler & Klaus 2016, 3).

Mit dem Eintritt ins Rentenalter nimmt der Anteil der Personen, die Unterstützung leisten, zunächst ab und später mit zunehmendem Alter wieder zu. So leisten die über 70-Jährigen den zeitlich höchsten Umfang an

2.2 Ausmaß informeller Betreuung und Pflege älterer Menschen

Unterstützung (▶ Tab. 4). Hier handelt es sich größtenteils um pflegerische Leistungen (ebd.).

Tab. 4: Zeitaufwand der Hilfeleistungen pro Woche nach Alter in Deutschland

40- bis 54-Jährige	8,1 Stunden
55- bis 69-Jährige	11,8 Stunden
70- bis 85-Jährige	13,4 Stunden

Daten aus: Nowossadeck, Engstler & Klaus 2016, 3

Die Zahl der Pflegebedürftigen wird in den nächsten Jahren weiter ansteigen, während gleichzeitig die Zahl der Angehörigen, die informelle Betreuung und Pflege leisten, rückläufig sein wird. Dafür sind die demografische Bevölkerungsstruktur, die veränderte Familienstruktur, die größeren Wohndistanzen zwischen den Generationen sowie die steigende Erwerbsquote von Frauen verantwortlich (Nowossadeck, Engstler & Klaus 2016, 3).

Mit Blick auf den Zeitaufwand für informelle Betreuung und Pflege zeigt sich: je höher die Betreuungsintensität, desto höher i. d. R. der Zeitaufwand pro Woche für Betreuungsaufgaben. Um die Betreuungsintensität zu erfassen, wurden in der Studie von Otto et al. (2019b, 5) mehrere Fragen zu den Unterstützungsaufgaben und deren Häufigkeit in den letzten sechs Monaten gestellt. In der Studie werden fünf Aufgabenbereiche unterschieden: Management (Koordinieren und Planen, administrative Aufgaben), instrumentelle Hilfe (Unterstützung im Alltag zu Hause), Da-Sein (emotionale Unterstützung und soziale Begleitung), Pflege (Betreuen und Pflegen sowie medizinische Hilfe) und Aufpassen (Beobachten, Schauen, dass alles gut ist). Bei 38 % der befragten Erwachsenen stehen finanzielle und administrative Aufgaben im Vordergrund, gefolgt von Koordination und Planung (23 %) sowie Hilfe im Alltag und Haushalt (23 %) und emotionale und soziale Unterstützung (21 %). Die Betreuungsintensität (verschiedene Betreuungsaufgaben) korreliert mit dem angegebenen Zeitaufwand (▶ Abb. 2).

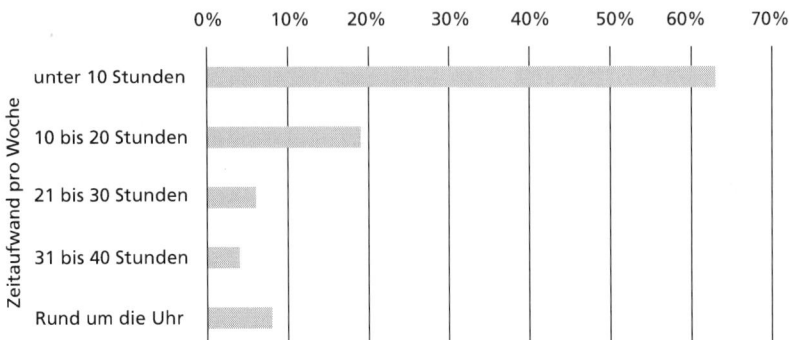

Abb. 2: Zeitaufwand (pro Woche in Stunden) der betreuenden Angehörigen (in %) in der Schweiz (n = 1997), eigene Darstellung (Daten aus: Otto et al. 2019b, 5)

2.3 Motive für die Betreuungs- und Pflegeübernahme

Die Bereitschaft, im Falle der Pflegebedürftigkeit für ein Familienmitglied einzustehen, ist groß und wird häufig als selbstverständlich erachtet. Die Pflege von Angehörigen ist jedoch selten eine geplante Tätigkeit, sondern beginnt oft mit einfachen Hilfeleistungen (beim Einkaufen oder bei administrativen Tätigkeiten etc.) und entwickelt sich durch zunehmenden Hilfebedarf zu notwendigen Pflegeleistungen im engeren Sinn.

Standardisierte Erhebungen zu den Motiven für die Pflegeübernahme können teilweise ein anderes Bild bieten als qualitative narrative Interviews oder Beobachtungen. Werden selbstberichtete Motive von pflegenden Angehörigen der Fremdperspektive von ambulanten Pflegekräften gegenübergestellt – wie es in der Swiss-Age-Care-Erhebung (Perrig-Chiello & Höpflinger 2012) gemacht wurde –, so zeigen sich interessante Unterschiede. Während die Fachpersonen Liebe und Zuneigung als hauptsächliches Pflegemotiv der Angehörigen wahrnehmen und weniger Aspekte

2.3 Motive für die Betreuungs- und Pflegeübernahme

der Notwendigkeit (keine Alternative zu haben oder unwillentlich in die Pflegesituation hineingerutscht zu sein), werden bei standardisierten Erhebungen vermehrt auch letztere Motive aufgeführt. Dies kann damit zusammenhängen, so Höpflinger (2017, 165), »dass pflegende Angehörige aus Scham oder Schuldgefühlen heraus sachliche und finanzielle Zwänge und Notlagen nach Außen verdecken«. Insgesamt zeigt sich bei den professionellen Mitarbeitenden eine eher zu optimistische Einschätzung der Pflegemotive der Angehörigen, was unter Umständen auch dazu führen kann, dass Konflikte innerhalb des Betreuungssettings zu wenig oder zu spät wahrgenommen werden (ebd., 168). Im Folgenden werden einige standardisierte Erhebungen aufgeführt.

Eine Erhebung in der Schweiz zeigt, dass pflegende Angehörige in erster Linie Liebe und Zuneigung als Begründung für ihre Hilfeleistungen geltend machen, gefolgt von einem Gefühl der Verpflichtung. Weiter werden auch oft finanzielle Gründe (zu hohe Kosten bei professionellen Diensten) sowie das Nicht-Vorhandensein einer Alternative angegeben. Häufig möchte die pflegebedürftige Person nicht von einer fremden Person betreut werden (Perrig-Chiello & Höpflinger 2012, 136). Die Unterschiede der prioritären Motive sind zwischen den verschiedenen Familienmitgliedern nur gering. So sind bei pflegenden Partnern zuerst Gefühle der Verpflichtung ausschlaggebend, gefolgt von Liebe und Zuneigung. Demgegenüber sind bei pflegenden Partnerinnen und Töchtern Liebe und Zuneigung an erster Stelle, gefolgt von moralischer Verpflichtung. Pflegende Söhne sind generell eine kleinere Gruppe, geben jedoch an erster Stelle eine moralische Verpflichtung an, und dass ihnen die Unterstützung ein gutes Gefühl gebe, an dritter Stelle nennen sie das Motiv der Liebe und Zuneigung. Bei Männern scheinen moralische Verpflichtungen eine wichtigere Rolle zu spielen als Liebe und Zuneigung, während bei pflegenden Frauen emotionale Aspekte wichtiger zu sein scheinen.

Im internationalen Vergleich fällt auf, dass in allen untersuchten Ländern die emotionale Bindung zur gepflegten Person an erster Stelle aufgeführt wird (Höpflinger 2017, 165), dass jedoch in der Schweiz die Antwortkategorie »keine Alternative« und »zu hohe Kosten für professionelle Pflege« signifikant häufiger erwähnt werden als in Deutschland oder Schweden (Perrig-Chiello & Höpflinger 2012, 139).

Tesch-Römer (2010, 227) stellt kritisch in den Raum, dass sich hinter solidarischen Gründen ein weiteres Bündel von Motivationen verbergen könnte, und nennt u. a. Pflichtgefühl, rollengebundenes Verhalten bei Töchtern, ethisch-religiöse Motive und Sinngebung. Familiale Verpflichtungsnormen seien, so Tesch-Römer, gesellschaftlich und politisch noch immer stark verbreitet. Dennoch verdeutlicht eine Datenanalyse zu pflegekulturellen Orientierungen bei 45- bis 65-jährigen Personen (oft Töchter und Söhne alter Eltern) in der Schweiz (Riedel 2014, 46–52), dass die Bereitschaft zur häuslichen Betreuung nahestehender Personen mit zunehmendem Bildungsstatus sinkt, nicht zuletzt, weil mit steigendem sozialem Status und Erwerbseinkommen sowie beruflichen Chancen die Opportunitätskosten ansteigen (ebd., 50). Auch sind Personen mit auf Selbständigkeit ausgerichteten Lebensentwürfen weniger zur häuslichen Versorgung naher Angehöriger bereit, da sich dieser Lebensentwurf weniger gut mit Pflegeverpflichtungen vereinbaren lässt. Personen mit einem traditionellen Lebensentwurf und niedrigem sozialem Status hingegen neigen am ehesten zu häuslichen Betreuungs- und Pflegeleistungen (ebd., 46–51).

2.4 Belastungen durch informelle Betreuung und Pflege

Angehörige sind i. d. R. die erste und wichtigste Unterstützung für pflegebedürftige Menschen und diese Situation ist für sie oft mit gesundheitlichen und sozialen Belastungen verbunden. Die Befragung im Rahmen des Forschungsprojekts ZipA (Zielgruppenspezifische Unterstützungsangebote für pflegende Angehörige) wirft einen besonderen Fokus auf diese Menschen. In der Zeit zwischen November 2018 und März 2019 wurden insgesamt 1.429 pflegende Angehörige in Nordrhein-Westfalen u. a. auch bezüglich ihrer Belastungen befragt (Bohnet-Joschko & Bedenko 2019, 20–24). Es zeigt sich, dass sich 70 % der Befragten durch die

Pflege stark belastet fühlen. Einzelne Angehörige fühlen sich allein gelassen mit ihren Sorgen und Ängsten. 72 % der Befragten fühlen sich psychisch stark belastet und 75 % in ihren Freizeitaktivitäten und in ihrem Sozialleben sehr eingeschränkt.

Betreuende Angehörige müssen nicht nur körperliche und emotionale Belastungen aushalten. Ebenso herausfordernd ist es, die pflegerischen Aufgaben mit Erwerbstätigkeit und eigener Familienarbeit sowie persönlichen Interessen und Bedürfnissen zu vereinbaren. Insbesondere Pflegende mit eigenen minderjährigen Kindern, die gleichzeitig berufstätig sind, geben mehr arbeitsbezogene Fehlzeiten und Stress aufgrund der Doppelbelastung an. Diese »Sandwich-Generation« ist darüber hinaus oft von belastenden Schuldgefühlen geplagt, da sie den unterschiedlichen Anforderungen nicht im von ihnen gewünschten Maß gerecht werden können (Wilz & Pfeiffer 2019, 6).

Zu beachten ist auch, dass nicht nur für pflegende Angehörige, sondern auch für pflegebedürftige Personen die Situation, auf Hilfe angewiesen zu sein, eine Belastung darstellen kann (Baumeister, Beck & Gehrig 2017a, 171; Baumeister et al. 2015a). Die Ursachen für aggressives Verhalten bei Pflegebedürftigen können krankheitsbedingt sein und dazu führen, »dass sie sich von pflegerischen Aktivitäten bedroht fühlen oder sich gegen von ihnen als Übergriff empfundene Handlungen wehren« (Blättner & Grewe 2017, 198). Je nach Ausmaß der Abhängigkeit und je nach der Beziehung der beteiligten Personen werden diese Belastungen unterschiedlich wahrgenommen. Wie bereits mit den Ursachen und Risikofaktoren für Betreuende und Betreute aufgezeigt (► Kap. 1.2.3), können diese Umstände zu Konflikten und Misshandlungssituationen führen.

2.5 Beziehung zwischen betreuender und pflegebedürftiger Person

Auf die Frage, wie es zu Konflikten zwischen Betreuten und Betreuenden kommen kann, meint die Sozialpädagogin und Mediatorin Gabriele Tannen-Parr (Gründerin der Beratungsstelle »Pflege in Not« in Berlin), dass die meisten Menschen mit einer engagierten und liebevollen Pflege und Betreuung anfangen und Konflikte häufig erst nach einer langjährigen aufwändigen Pflege entstehen (Töpfer 2015, 27). Dabei besteht das Pflegeverhältnis oft Jahre und Jahrzehnte, was eine enorme körperliche und emotionale Herausforderung bedeutet. Konflikte, so Tannen-Parr, können auch durch den notwendigen Rollentausch ausgelöst werden. Damit meint sie, dass es Kindern einerseits schwerfalle, die Führung eines Elternteils zu übernehmen, gleichzeitig würden sich Eltern dies nicht unbedingt gefallen lassen. Als wichtigsten Risiko- respektive Schutzfaktor sieht Tannen-Parr die frühere Beziehungsgeschichte der Beteiligten: »In der extremen Belastungssituation kommen alte, nicht verziehene, totgeschwiegene Konflikte hoch, die Auslöser für Wut, Hass und Verzweiflung sein können« (ebd.).

Die Ausgestaltung des Pflegearrangements sowie der Umgang mit Belastungen und Konflikten wird also stark von den zugrundeliegenden Motiven zur Pflegeübernahme und der gemeinsamen Beziehungsgeschichte zwischen betreuender und betreuter Person beeinflusst (Görgen et al. 2012b, 25). Die Belastung wird deutlicher wahrgenommen, wenn einerseits die Beziehung bereits früher konfliktbelastet und schwierig war, wie auch Tannen-Parr ausführt, und andererseits die Betreuung unfreiwillig, bspw. aus Pflichtgefühl oder wegen fehlender Alternative, übernommen wurde. Familiäre Beziehungen basieren auf einer langjährigen, gemeinsamen Geschichte. Im Falle eines Hilfebedarfs können Betreuende und Betreute auf vertraute Muster zurückgreifen, die sowohl Ressource als auch Risiko sein können (Beck & Baumeister 2018, 42). Es gilt weiter zu beachten, dass mit der Übernahme der Pflege viele pflegende Angehörige nicht nur Belastungen, sondern auch Chancen für positive Herausforderungen und Veränderungsanlässe erkennen (Görgen et al. 2012b, 25). So

2.5 Beziehung zwischen betreuender und pflegebedürftiger Person

kann durch die Pflegerolle auch eine Gelegenheit genutzt werden, neue Fähigkeiten und Stärken zu erwerben und damit die eigene Persönlichkeit weiterzuentwickeln (Wilz & Pfeiffer 2019, 17). Die Übernahme von Pflege kann auch das positive Gefühl vermitteln, gebraucht zu werden.

Im Folgenden werden verschiedene Beziehungsqualitäten vorgestellt, die im Rahmen der Studie »Schutz in der häuslichen Betreuung alter Menschen« anhand von narrativen Interviews mit Betreuenden und Betreuten herausgearbeitet wurden (Baumeister, Beck & Gehrig 2017a, 172 f.; Baumeister et al. 2015a; Baumeister et al. 2015b). Diese Beziehungsqualitäten sind mit den Gründen für die Betreuungsübernahme verbunden und verdeutlichen, wie beide Parteien die Betreuungssituation erleben und mit Belastungen umgehen (Baumeister, Beck & Gehrig 2017a, 173). Der Ausdruck von Emotionen, Werthaltungen und des gegenseitigen Austauschs charakterisiert diese Beziehungen und zeigt sich in vier unterschiedlichen Qualitäten.

Beziehungsqualitäten

- eine primär wertschätzende (▶ Kap. 2.5.1)
- eine pflichterfüllende (▶ Kap. 2.5.2)
- eine abgrenzende (▶ Kap. 2.5.3)
- beidseitig hilfebedürftige Beziehungsqualität (▶ Kap. 2.5.4)

Diese vier Beziehungsqualitäten sind als idealtypisch zu verstehen, es handelt sich um Verdichtungen von tatsächlichen Situationsbeschreibungen, welche sich in Einzelfällen zeigten. Faktisch ist es so, dass sich verschiedene Beziehungsqualitäten – je nach konkreter Pflegesituation – abwechseln können. Auch in einer wertschätzenden Beziehung gibt es pflichterfüllende Aspekte und umgekehrt. Dennoch hat sich in den subjektiven Darstellungen der interviewten Personen gezeigt, dass es für dieses Betreuungsverhältnis jeweils eine vordergründige Qualität gibt, die als prägend für viele Handlungen zum Ausdruck kommt.

2.5.1 Wertschätzende Beziehungsqualität

Eine wertschätzende Beziehungsqualität zwischen der pflegebedürftigen Person und pflegenden Angehörigen ist durch viele gemeinsame frühere Erlebnisse gewachsen und durch gegenseitige Achtung und hohe Verbindlichkeit geprägt. Die Betreuung und Pflege beruht auf dem Prinzip der Reziprozität, nach dem Motto: Ich habe viel bekommen, deswegen gebe ich auch etwas zurück (Baumeister, Beck & Gehrig 2017a, 173–175). Auch Wilz und Pfeiffer (2019, 14) sehen die emotionale Verbundenheit oder Liebe als eine dominante Rolle bei der Betreuung von pflegebedürftigen Angehörigen. Insgesamt, so meinen sie, »möchten Angehörige die Beziehung zum pflegebedürftigen Familienmitglied durch die häusliche Pflegeübernahme in der Regel erhalten und Fürsorge zurückgeben.« Auch sie sehen darin das Prinzip der Reziprozität.

In solchen Beziehungen wird es als selbstverständlich verstanden, dass die Angehörigen die Unterstützung und Betreuung der erkrankten Person übernehmen, wann immer es möglich ist. Ob das gelingt, wird sowohl am Wohlbefinden der betreuten Person als auch am eigenen Wohlbefinden gemessen, wie folgendes Zitat eines pflegenden Ehepartners deutlich macht: »Also der Idealfall ist eindeutig, also für uns beide, wenn wir draußen unterwegs sind mit dem Rollstuhl, dann ist alles in Ordnung. Das haben wir dann einfach herausgefunden, weil wir so viel laufen gegangen sind.« Sein Mitgefühl für seine Frau ist spürbar und er genießt die Stunden am Tag, an denen es ihnen beiden gut geht. Gemeinsame Aktivitäten in der Natur haben sie beide sehr verbunden, wie bspw. große gemeinsame Wanderungen. Auf diese Ressource greift der Ehemann nach 20-jähriger Ehe in dieser Situation zurück (ebd.).

Als motivierender Faktor bezüglich der Betreuungsleistung zeigt sich auch die Anerkennung durch die zu betreuende Person (sofern diese krankheitsbedingt dazu noch in der Lage ist). Im Unterschied zur »abgrenzenden Beziehungsqualität« erhält in diesen Beziehungsdyaden, wie sich in Kapitel 2.5.3 zeigen wird (▶ Kap. 2.5.3), die betreuende Person diese Wertschätzung, ohne dass sie diese als Gegenleistung für die Unterstützung erwarten würde. Die Anerkennung bezüglich der Betreuungsleistung kann auch aus dem sozialen Umfeld erfolgen. Diese Art der Würdigung kann jedoch auch dazu führen, dass aufgrund der zu erwartenden Anerkennung

2.5 Beziehung zwischen betreuender und pflegebedürftiger Person

zu viele Aufgaben übernommen werden. Ein betreuender Ehepartner formuliert es so:

»Ja eben, es ist einfach die Sache, dass man auf sich selbst wirklich auch schon schauen muss, dass man sich nicht vergisst. Eine Zeit lang ist es so etwas, ja man ist ja dann auch ein bisschen von außen für die anderen der Held. Und dann muss man dann schon erst recht schauen, dass man nicht an dem hängen bleibt und meint, jetzt müsse man da noch mehr machen.«

Obwohl es für die Betreuenden in der wertschätzenden Beziehungsqualität selbstverständlich ist, für ein Familienmitglied einzustehen, wäre es für sie dennoch undenkbar, die Pflegeaufgaben dauerhaft zu übernehmen. Sie wissen um die Notwendigkeit von Auszeiten zur eigenen Erholung, damit das Wohlbefinden der ihnen nahestehenden Person gewährleistet bleibt. Ist die Belastung durch die Pflege zu groß, sind sowohl die betreuenden Angehörigen als auch die pflegebedürftige Person bereit, Hilfe in Anspruch zu nehmen und Personen aus dem Umfeld oder Fachpersonen zur Unterstützung beizuziehen. »Es ist sehr aufwändig. Das Ganze nimmt einem alle Ressourcen. Man muss selbst spüren, bis hierher und nicht weiter, jetzt brauche ich sofort Hilfe«, sagt eine betreuende Tochter. Ein weiterer Interviewpartner meint, dass man selbst irgendwann merken müsse »aha, da ist die Grenze«. Das Bewusstsein für die eigenen Grenzen sowie eine kritische Selbstreflexion des eigenen Handelns scheint hier zentral zu sein.

Damit zeigt eine wertschätzende Beziehung deutlich protektive Faktoren, die Vernachlässigung und Misshandlung in der innerfamiliären Betreuung verhindern, da für das Gelingen der Betreuung das Wohlbefinden und die Lebensqualität sowohl der pflegebedürftigen Person als auch der betreuenden Angehörigen im Zentrum steht.

Fallbeispiel

Zwei Töchter berichten im Interview von ihrer an Demenz erkrankten Mutter. Die Familie wohnt in einer ländlichen Gegend, eine Tochter lebt in unmittelbarer Nähe der Eltern, die andere in einer nahegelegenen Kleinstadt. Die Mutter lebt mit ihrem Ehemann zusammen, der selbst hochaltrig und körperlich geschwächt ist. Auf die Frage, wie es dazu gekommen sei, dass sie beide die Betreuung und Pflege für ihre Mutter übernommen haben, meint eine Tochter: »Die Mutter ist für uns immer das Zentrum der Familie gewesen. Also sie hat uns sehr viel Wertvorstellungen …, sie hat uns sehr viel beigebracht […]. Wenn du gekommen bist, hat sie gestrahlt, dann ist sie einem meistens entgegengekommen. Und ich weiß noch, ganz am Schluss, das erste Mal als sie hier gesessen ist und nicht mehr aufgestanden ist, um mir entgegenzukommen, das hat mir dann weh gemacht.« Auch die andere Tochter meint, dass es für sie wirklich selbstverständlich war, die Pflege für die Mutter zu übernehmen, »weil meine Mama auch für uns viel gemacht hat.«

Nicht nur für die beiden Töchter, auch für drei weitere Töchter ist es selbstverständlich, dass sie die Betreuung der Mutter und damit auch die Unterstützung des Vaters übernehmen. Sie erstellen einen Plan und teilen sich untereinander die Betreuungsaufgaben im Wechsel auf. »Und der große Vorteil ist, dass wir viele sind, dass wir so viele Kinder sind, dass alle nachher auch Bereitschaft signalisiert haben, um hier mitzuhelfen.« Die beiden Töchter berichten von der Anerkennung für ihre Leistung durch das soziale Umfeld, gewisser Stolz kommt dabei zum Ausdruck: »Also ich habe meistens meinen Freundinnen und Kolleginnen immer wieder erzählt, was wir hier machen und so. Und sehr viel Bewunderung erhalten auch, ›Ja, dass ihr das macht über so viele Jahre‹.«

Wichtig war beiden Töchtern zu wissen, dass man auch wieder gehen kann: »Dann habe ich gewusst, ich muss jetzt zwei Tage hier sein oder ich muss drei Tage Ferienablösung machen, aber nachher kann ich gehen und dann erhole ich mich dann wieder.« Denn, so berichtet eine Tochter: »Es gibt nicht die ideale Pflege und Betreuung […]. Dass einem einmal etwas rausrutscht oder wenn einmal etwas nicht so ist, wie man [es gerne hätte]. Das ist normal. Aber man muss das auch erstens einmal realisieren und sich vielleicht auch gleich wieder entschuldigen. Wenn ich gemerkt hätte, dass da irgendetwas in diese Richtung gegangen wäre, dann habe ich immer gesagt, dann würde ich das nicht mehr mitmachen.«

Damit wird deutlich, dass das Bewusstsein für die eigenen Grenzen ausschlaggebend ist, um eine Veränderung zum richtigen Zeitpunkt einzuleiten. Denn wie mit der folgenden »pflichterfüllenden Beziehungsqualität« deutlich wird, kann die eigene Befindlichkeit auch aus dem Blick geraten.

2.5.2 Pflichterfüllende Beziehungsqualität

Die Gespräche mit Betreuenden und Betreuten haben gezeigt, dass diejenigen Personen, die der »pflichterfüllenden Beziehungsqualität« zugeordnet wurden, die Betreuungsaufgabe nicht freiwillig und bewusst übernommen haben, sondern in diese Situation ›reingerutscht‹ sind. »Angehörige ›geraten‹ in die Pflegerolle, ohne vorab Wahlmöglichkeiten eruiert oder die Rollenübernahme reflektiert zu haben«, stellen Wilz und Pfeiffer (2019, 15) fest. Entsprechend sind Angehörige i. d. R. auf die Aufgaben und die damit verbundenen Belastungen nicht vorbereitet und es besteht ein höheres Risiko, dass ein Gefühl des Kontrollverlusts entsteht (ebd.).

Die pflichterfüllende Beziehungsqualität speist sich aus der Überzeugung: »Geholfen habe ich ihr schon immer. Was bleibt mir also jetzt übrig« (Baumeister, Beck & Gehrig 2017a, 175–177). Eine betreuende Tochter beschreibt das so: »Und so bin ich eigentlich reingerutscht. Und ich habe nicht früh genug gemerkt, ›Moment, stopp‹. Ich bin selbst schuld, aber es hat sich so ergeben, das eine um das andere.« Mit Verschlechterung des Gesundheitszustands der betreuten Person werden immer wieder neue und mehr Aufgaben übernommen: »aber plötzlich ist auch der Tag gekommen, wo sie nicht mehr telefonieren konnte, und dann hat es so angefangen, dass sie mich gebeten hat [...].« Schließlich wird aus der Betreuungsaufgabe auch die Pflegeübernahme, da man auch hier den Moment des Übergangs verpasst.

Bei Betreuungsverhältnissen, die durch ein hohes Pflichtgefühl der betreuenden Angehörigen geprägt sind, zeigt sich eine starke Abhängigkeit zwischen der betreuungsbedürftigen Person und deren Angehörigen. Den Betreuenden fällt es oft schwer, Hilfe von Außenstehenden anzunehmen. Einerseits wehrt sich die pflegebedürftige Person gegen fremde Hilfe, andererseits haben die pflegenden Angehörigen meist sehr hohe Qualitätsansprüche an sich selbst und an Hilfskräfte. Entsprechend wird die Unterstützung durch einen Pflegedienst nicht als Hilfe, sondern als zusätzliche Belastung wahrgenommen. Eine pflegende Tochter berichtet von ihrer Unzufriedenheit mit einem Pflegedienst: »Und da habe ich gefunden, nein, also so etwas muss ich jetzt auch nicht haben für meine Mutter, da mach ich es lieber noch selbst.« Das Gefühl, in der Situation gefangen zu sein, da Hilfe durch Außenstehende von beiden Seiten nicht akzeptiert wird, prägt das Belastungserleben. Besonders ein überhöhtes Pflichtgefühl, das über einen längeren Zeitraum nicht erfüllbar ist, kann zusätzlich zu Schuldgefühlen führen (Wilz & Pfeiffer 2019, 9), so würden viele pflegende Töchter Schuldgefühle in Zusammenhang mit der Pflegerolle erleben und die diesbezügliche Belastung würde stärker von Frauen wahrgenommen, da die Fürsorge für ein krankes Familienmitglied eher von ihnen als von Männern erwartet würde. Auch – und das wird mit der pflichterfüllenden Beziehungsqualität bestätigt – würde es Angehörigen besonders schwerfallen, Unterstützung anzunehmen oder ihren eigenen Bedürfnissen nachzugehen (ebd.). Interessant ist die mögliche Kehrseite dieser Haltung, auf die Wilz und Pfeiffer (ebd., 18) verweisen, dass das Gefühl, niemand anderer könne die Pflegeaufgaben so gut meistern, auch ein positives Erleben des Gebrauchtwerdens zur Folge haben kann. Auch das kann eine Begründung dafür sein, dass man seine eigene Belastungsgrenze übersieht. Eine solche Situation beschreibt eine interviewte Angehörige:

> »Ich habe mein Leben lang gesagt, nie Krankenschwester, nie Ärztin, weil das kann ich nicht [...]. Aber das erste Mal, als es passiert ist [die Mutter hat eingekotet], kann ich Ihnen sagen, ich habe Tränen gehabt, die runter gefallen sind vor lauter würgen. Ich habe meinen Magen da oben gehabt. Ich habe immer zum Fenster gehen müssen.«

Trotzdem übernimmt sie die Pflegeaufgabe weiterhin und ist gefangen in dem Gefühl: »That's life, man muss einfach mit dem fertig werden, wo man hat«. Wie auch in der Studie von Perrig-Chiello und Höpflinger (2012) festgestellt wurde, wird das Pflichtgefühl nach Zuneigung und Liebe von pflegenden Angehörigen als zweites Motiv genannt und das Pflichtgefühl steht dabei über dem eigenen Wohlbefinden.

Fallbeispiel

Eine interviewte Tochter lebt im selben Haus wie ihre Mutter, mit eigener Wohneinheit. Ihre Eltern hatten sich getrennt, als sie und ihre Geschwister noch Schulkinder waren. Ihre Mutter habe sie in dieser schwierigen Trennungssituation gerne als Gesprächsgegenüber benutzt. »Sie hat mir alles erzählt von ihrem Leben, schon als mein Vater fort von uns gegangen ist. Ich bin auch immer hier gewesen. Als mein Vater sie alleingelassen hat, bin ich noch im letzten Jahr in der Schule gewesen.« Auf die Frage, wie es dazu gekommen sei, dass sie heute die Pflege ihrer Mutter übernehme, meint sie: »Ich habe immer gesagt, wenn ich hier wohne, dann muss ich ihr auch helfen. Das ist für mich normal gewesen, dass ich das machen musste.«

Sie berichtet, wie sie sukzessive erste Hilfeleistungen für ihre Mutter übernommen habe und wie sich diese mit fortschreitender Krankheit zunehmend intensivierten. Sie ist noch berufstätig und stößt durch diese Doppelbelastung oft an ihre Grenzen (Rollen-Akkumulations-Theorie, ▶ Kap. 1.2.3). Die Tochter berichtet hierzu: »Und was schwierig ist für mich, ist der Abend, weil dann bin ich todmüde und dann muss ich noch hier nach unten, um ihr zu helfen, sich auszuziehen und die Tabletten zu geben. Und dann will sie immer, dass ich noch ein wenig hierbleibe, und es sind dann lange Tage.«

Auch sie erzählt, dass es Tage gibt, an denen sie dachte, dass sie die Pflege ihrer Mutter nicht mehr »stemmen« könne, wie sie sagt: »Dann kommst du am Abend und du denkst, es geht nicht mehr, ich muss etwas finden, ich muss etwas machen und dann eben, am anderen Tag siehst du dann, dass es trotzdem geht oder. Und du willst trotzdem nicht jemanden fragen, der vielleicht jeden Tag kommt oder so.« Auch sie – wie die oben zitierte Tochter – will keine Unterstützung durch einen ambulanten Pflegedienst in Anspruch nehmen, da sie es als zusätzliche Belastung empfand, als die Mutter nach einem Krankenhausaufenthalt medizinische Hilfe benötigte. »Eben für mich ist es mehr ein Stress gewesen. Ja und eben schauen, dass das Haus in Ordnung ist [...]. Ich kann mich noch erinnern, dieser Monat [mit Unterstützung durch einen Pflegedienst] ist mehr ein Stress gewesen als eine Hilfe.«

Die pflegenden Angehörigen, die der pflichterfüllenden Beziehungsqualität zugeordnet wurden, sind rund um die Uhr bestrebt, die Situation unter Kontrolle zu haben, was sich auch im Umstand zeigt, dass sie nur sehr schwer Hilfe annehmen können. Ein überhöhtes Kontrollbedürfnis kann leicht ins Gegenteil kippen, wenn die Situation zu entgleiten droht. Erlebt die Person wiederholt Misserfolge, kann dies zur Erfahrung von Hilflosigkeit führen. Wie die eine Tochter es ausdrückt: »That's life, man muss einfach mit dem fertig werden, wo man hat.« Damit kommt die Überzeugung zum Ausdruck, keinen Einfluss mehr auf die Situation nehmen zu können. In solchen Pflegebeziehungen fehlt zumeist das Bewusstsein, dass eine Überforderung leicht in kritische Situationen führen kann.

2.5.3 Abgrenzende Beziehungsqualität

Bei betreuenden Angehörigen, die der abgrenzenden Beziehungsqualität zugeordnet werden, zeigt sich, dass ihre Unterstützungsleistung an die Erwartung einer Gegenleistung geknüpft ist. Dies kann Dankbarkeit oder auch finanzielle Anerkennung sein. Kann die erwartete Gegenleistung oder Anerkennung von der betreuten Person nicht erfüllt werden, tendieren diese betreuenden Angehörigen dazu, die Pflege abzugeben, da sie nur begrenzt bereit sind, ihre eigenen Bedürfnisse den Betreuungsaufgaben unterzuordnen. Denn, so meinen sie:»Ich habe kaum Anerkennung bekommen, wieso sollte ich mich jetzt aufopfern« (Baumeister, Beck & Gehrig 2017a, 177–179). Die erwartete Anerkennung wird in diesen Beziehungsdyaden nicht oder ungenügend erfüllt, weil es der pflegebedürftigen Person bereits früher schwerfiel, Gefühle der Dankbarkeit und Anerkennung zu zeigen, da sie die Perspektive des Gegenübers kaum wahrnahm und wenig Verständnis für dessen Bedürfnisse aufbringen konnte. Eine Enkelin, die ihre Großmutter betreut, berichtet darüber:

> »Aber irgendwann ist es auch gekommen, dass sie [die Großmutter] nicht mehr so dankbar gewesen ist […] und irgendwann konnte sie nicht mehr, und diesen Frust hat sie an mir ausgelassen. Und dann habe ich gedacht, ›Ach nein, das muss jetzt nicht auch noch sein‹, Wenn du eine [eigene] Familie hast, dann läuft genug.«

Diese Enkelin berichtet weiter, dass sie vor allem eine sehr enge Bindung zu ihrem Großvater hatte, der bereits verstorben sei. Die Beziehung zur Großmutter erlebte sie eher als distanziert: »Wissen Sie, sie hat mich auch nie umarmt, nie einen Kuss gegeben. Sie hat eben die Gefühle nie zeigen können, nie, auch jetzt nicht.« Für die Enkelin wäre es auch in Ordnung gewesen, wenn die Großmutter ihr für die erbrachte Leistung Geld angeboten hätte, aber auch dazu kam es nicht. Schließlich beauftragte sie kurz entschlossen einen Pflegedienst. »So Nonna, jetzt muss die Spitex [ambulanter Pflegedienst in der Schweiz] kommen.« Und das habe dann auch ziemlich gut funktioniert, meint die Enkelin. Langfristig unerfüllte Beziehungswünsche können zu Frustration in einer Pflegebeziehung führen. In der Folge, so Wilz und Pfeiffer (2019, 8), kann eine Ambivalenz zwischen dem Verpflichtungsgefühl und dem gleichzeitigen Ärger gegenüber der betreuten Person entstehen, da man nicht das erhält, was man sich gewünscht hat.

Die Situation kann jedoch auch umgekehrt sein. Eine betreuende Ehefrau zeigt wenig Feingefühl gegenüber der Krankheit (Demenz) ihres Mannes. Sie stellt seine kognitiven Veränderungen erst fest, als er ihr gegenüber (auch sie ist körperlich eingeschränkt) nicht mehr die bisherigen Hilfeleistungen erbringen kann. In Familien mit niedrigem Bildungs- und Sozialstatus wird eine Krankheit eher auf körperliche Symptome reduziert und psychische Veränderungen werden erst dann beachtet, wenn die Person den alltäglichen Funktionen nicht mehr nachkommen kann (Karrer 2016, 202–211). Es zeigt sich bei dieser Ehefrau wenig Krankheitsverständnis, sie empfindet die Krankheit des Mannes als ungerecht ihr gegenüber, da er sie mit der anfallenden Arbeit allein lässt, was auch als ein Zeichen der abgrenzenden Beziehungsqualität gedeutet werden kann. Das Ehepaar hat eine Tochter und einen Sohn, die erleben, wie ihre Mutter dem Vater wiederholt Vorwürfe macht. Sie meinen dann zur Mutter: »So Mutter, jetzt wäre es gut, wenn du mal Ruhe hättest. Wir schauen, dass der Vater in die Ferien kann.« Diese sogenannten Ferien sind eine Probezeit in einer Pflegeeinrichtung, in der der Ehemann in der Folge bleibt. Hier wird deutlich, dass weitere Familienmitglieder als beobachtende Personen protektive Wirkung haben können, im Sinne der *Routine Activity Theory* (Miro 2014, 1–7). Ein anwesender Dritter kann nach dieser Theorie einen hemmenden Effekt auf Misshandlungssituationen ausüben oder, wie in diesem Fall, frühzeitig intervenieren (▶ Kap. 1.2.3).

Fallbeispiel

Ein Ehepartner berichtet im Interview von seiner an Demenz erkrankten Frau. Beide wohnen in ihrem Einfamilienhaus mit größerem Garten. Der Ehepartner hat viele Freizeitbeschäftigungen, z. B. besucht er regelmäßig die Seniorenuniversität, ist Mitglied einer Wandergruppe und trifft sich öfters mit Freunden zum Golfspielen. Die Krankheit Demenz sieht er bei seiner Frau als Ausdruck ihres früheren Charakters. Damit meint er, dass seine Frau noch nie Feingefühl, Anteilnahme oder Verständnis ihm gegenüber gezeigt habe. Seine Frau war als Fotografin berufsbedingt oft im Ausland. Beide hatten ihren je eigenen Freundeskreis und ihre eigenen Interessen gepflegt bis zum Zeitpunkt der kognitiven Veränderungen seiner Frau. Die gemeinsame Tochter wohnt nicht in der Nähe, sie pflegen jedoch regelmäßigen telefonischen Kontakt mit ihr.

Zunehmend sieht sich der Ehemann gezwungen, Aufgaben zur Sicherung des Alltagslebens zu übernehmen. Organisatorische und administrative Aufgaben scheinen ihm wenig Mühe zu bereiten, Haushaltsarbeiten, Einkaufen und Kochen meistert er ebenfalls, was er mit Stolz berichtet. Zunehmend fühlt er sich jedoch in seinen Freizeitaktivitäten eingeschränkt. Als besonders belastend empfindet er, dass seine Frau überhaupt keine Anerkennung für seine Anstrengungen zeigen würde. »Es ist natürlich auch wieder blöd, aber von Dankbarkeit, all dem gegenüber, was ich tue, ist natürlich keine Rede. Kommt noch dazu, dass meine Frau nie Empathie gehabt hat in ihrer Art.«

Dieser Ehemann ist bestrebt, den Alltag so zu organisieren, dass er weiterhin seinen Freizeitaktivitäten nachgehen kann. Dafür nimmt er sukzessive für verschiedene Haushalts- und Pflegetätigkeiten Dienste in Anspruch und organisiert Tageklinikaufenthalte für seine Frau. Damit wird deutlich, dass der Ehemann wenig Bereitschaft hat, seine persönlichen Bedürfnisse der Pflegesituationen unterzuordnen. Er nimmt frühzeitig Hilfe in Anspruch und sucht adaptiv nach anderen Lösungen für die Betreuungsleistungen.

Die abgrenzende Beziehungsqualität bietet ein Beispiel für die Soziale Austauschtheorie (▶ Kap. 1.2.3). Das Gefühl der Ungleichheit in der Beziehung kann auch als ein Verstoß gegen soziale Erwartungen gelten. Die Pflegeübernahme ist mit der Erwartung der Reziprozität verbunden. Wird die Unterstützung als belastend empfunden und bleibt die dafür erwartete Gegenleistung aus, wird vorausschauend nach Lösungen insbesondere für pflegerische Aufgaben gesucht. Im Unterschied zur pflichterfüllenden Beziehungsqualität wird die Hilfe durch eine Drittperson von der pflegebedürftigen Person meist ohne größeren Widerstand akzeptiert. Damit zeigen diese Betreuungsdyaden ein protektives Potenzial, das Misshandlung und Vernachlässigung verhindern kann. Es ist allerdings nicht auszuschließen, dass es bis zur Entscheidung, die Pflege abzugeben, bereits zu Vorwürfen, Drohungen oder anderen kritischen Situationen gekommen ist.

2.5.4 Beidseitig hilfebedürftige Beziehungsqualität

In Familien und Partnerschaften werden Aufgaben, die es im Alltag zu erledigen gibt, häufig untereinander aufgeteilt. Dies kann jahrelang gut funktionieren, bis ein Mitglied erkrankt und seine Pflichten nicht mehr übernehmen kann. In der Folge sind die Angehörigen stark gefordert, das Alltagsleben weiterhin aufrechtzuerhalten. Es kann sein, dass sie damit an ihre Grenzen stoßen. Solange die Hilfe gegeben ist, bleibt die Bedürftigkeit bedeckt. Durch den krankheitsbedingten Wegfall von Rollen und Aufgaben bei einer Person manifestiert sich in der neuen Situation die Hilfebedürftigkeit bei der anderen Person: »Ich helfe dir und brauche deine Hilfe« (Baumeister, Beck & Gehrig 2017a, 179–181).

Auch bei beidseitig hilfebedürftigen Beziehungsqualitäten wird die Betreuungsaufgabe nicht freiwillig und bewusst übernommen. Die betreuenden Angehörigen versuchen lediglich, die notwendigen Abläufe im Alltag aufrechtzuerhalten. Es handelt sich hier meist um geschlossene Familiensysteme, in denen kaum außerfamiliäre Kontakte gepflegt werden. Dies kann sich durch eine fortschreitende Krankheit noch verstärken. Zudem sind diese Familien häufig zusätzlich belastet, sei es durch finanzielle Probleme oder eine Krankheit oder Behinderung der betreuenden

Person. Auch ein Migrationshintergrund kann zu einer solchen Konstellation führen. Neben der belastenden Betreuungssituation erleben pflegende Angehörige auch unterschiedliche Ängste, z. B. die Sorge über den weiteren Krankheitsverlauf, Zukunftssorgen und die Angst, die Pflege nicht mehr allein bewältigen zu können. Gleichzeitig wollen sie niemandem zur Last fallen. Durch das Fehlen sozialer Kontakte wird das Umfeld oft erst aufmerksam, wenn es einen gravierenden medizinischen Notfall gibt.

Betreuende und Betreute sehen kaum Möglichkeiten, Hilfe zu holen und aus dieser Überforderung herauszukommen. Zudem sind ihnen Hilfeangebote häufig nicht genügend bekannt oder aber finanzielle Überlegungen hindern sie daran, Unterstützung in Anspruch zu nehmen. Besonders Personen mit Migrationshintergrund nutzen professionelle Pflegeleistungen seltener als Personen ohne Migrationshintergrund. Eine Studie in Deutschland (Krobisch, Schenk & Ikiz 2014, 9) zeigt, dass ältere türkeistämmige Personen schlecht zum Thema Pflege informiert sind. Die Mehrheit der Studienteilnehmenden (58 %) wusste nicht, was eine Pflegestufe ist (mit dem zweiten Pflegestärkungsgesetz wurden am 01.01.2017 die drei Pflegestufen durch fünf Pflegegrade ersetzt) und deutlich mehr (74 %) hatten keine Kenntnisse darüber, dass es Entlastungsangebote für pflegende Angehörige gibt.

Fallbeispiel

Ein interviewter Ehemann berichtet von seiner Frau, die er bis vor kurzem noch zu Hause mit Unterstützung eines ambulanten Pflegediensts betreut hatte. Das Ehepaar hat einen Migrationshintergrund, die weitere Verwandtschaft lebt im Ausland. Sie haben einen gemeinsamen Sohn, der zum Zeitpunkt des Interviews wieder in seinem Herkunftsland lebt. Das Ehepaar wohnt gemeinsam in einer kleinen Wohnung in einem Mehrfamilienhaus. Es ist spürbar, dass die beiden Eheleute finanziell, strukturell und sozial voneinander abhängig sind. Der Ehemann berichtet, dass sie sich durch die Krankheit der Frau zunehmend sozial zurückgezogen hätten. Seine Frau hat inzwischen eine Demenz im fortgeschrittenen Stadium. Kontakte zu pflegen und Unterstützung aus dem sozialen Umfeld anzunehmen, sei für ihn aufgrund der

2.5 Beziehung zwischen betreuender und pflegebedürftiger Person

Krankheit der Frau, die er als stigmatisierend bezeichnet, nicht möglich: »Ich verkehre nicht mehr mit Leuten, sie verkehren auch nicht mehr mit uns. Denn wenn jemand eine solche Krankheit bekommt, ist er abgeschrieben.«

Durch eine massive Verschlechterung des Gesundheitszustandes der Frau musste sie kurz vor dem Interview notfallmäßig ins Krankenhaus eingeliefert werden. Der Ehemann befürchtet, dass seine Frau nie mehr in die gemeinsame Wohnung zurückkehren könnte. Er leidet unter der Sorge, das Leben ohne seine Frau nicht allein bewältigen zu können, und empfindet die Abwesenheit seiner Frau als größte Belastung. Der Ehemann berichtet auch von finanziellen Schwierigkeiten. »Die [seine Frau] war da bei mir. Ich habe für sie gekocht und alles Mögliche. Sie konnte nicht mehr kochen [...]. Es war nicht so stressig wie jetzt, wo die Frau weg ist. Ich bin ..., ich werde auch langsam depressiv.«

Die Unterstützung, die durch einen ambulanten Pflegedienst für die Frau geleistet wurde, war der einzige Kontakt zu einer Drittperson. Dieser Kontakt würde nun aufgrund der Abwesenheit der Frau auch wegfallen. Damit wird deutlich, dass eine Verschiebung des Hilfebedarfs von der Ehefrau zum Ehemann stattgefunden hat. Durch sein zurückgezogenes Leben und die Vermeidung sozialer Kontakte kann die Situation dieses Ehemanns zu sozialer Isolation führen. Wenn der Ehemann nicht aktiv Hilfe holen wird oder kann, wird durch das Fehlen jeglicher sozialer Kontakte das Umfeld erst durch Missstände darauf aufmerksam, dass ein Hilfebedarf besteht.

Dieser Fall zeigt beispielhaft das Dilemma auf, dass ein notwendiger medizinischer Eingriff – wie hier die Einweisung der Ehefrau in ein Krankenhaus – negative Auswirkungen auf die zurückbleibende Person haben kann. Für intervenierende Fachpersonen in der Betreuung alter Menschen ist es besonders wichtig, nicht nur die vordergründig pflegebedürftige Person, sondern auch die betreuenden Angehörigen im Blick zu haben und den möglichen Hilfebedarf für diese Personen zu erkennen.

2.6 Inanspruchnahme von Hilfe

Viele Studien verweisen auf die Wichtigkeit der frühzeitigen Inanspruchnahme von Entlastungsangeboten für pflegende Angehörige, um das Auftreten von Überforderung und Erschöpfung bis hin zur Erkrankung zu verhindern. In der ZipA-Befragung (Bohnet-Joschko & Bidenko 2019, 22) wünschen 35 bis 65 % der 1.429 Studienteilnehmenden mehr Informationen zur Bewältigung ihrer Pflege- und Betreuungssituation. Dabei werden Themen zur Organisation des generellen Pflegearrangements als besonders wichtig erachtet. Viele Studienteilnehmende äußern auch Fragen zum Erhalt ihrer eigenen Gesundheit (77 %) und wünschen sich mehr Austauschmöglichkeiten mit anderen Betroffenen. Die Autorinnen stellen dagegen fest, dass zahlreiche Angebote zur Entlastung pflegender Angehöriger existieren und Angehörigen die Möglichkeit für eine Auszeit durchaus geboten würde. Dennoch zeigt sich in der Studie, dass 55 bis 65 % der Befragten nicht wissen, wie sie sich unmittelbar über pflegebezogene Themen informieren können. Informationsangebote zu ihrer eigenen Unterstützung kennen weniger als 40 %. Auffallend ist, dass lediglich 20 bis 35 % sich über Unterstützung und Betreuungsmöglichkeiten informieren und die tatsächliche Inanspruchnahme der Beratungsangebote noch sehr viel geringer ist (ebd.).

Geschlossene Familiensystemen, die Außenstehenden keinen Einblick in ihre Betreuungssituation gewähren – wie es sich bspw. bei der gegenseitig hilfebedürftigen Beziehungsqualität zeigt (▶ Kap. 2.5.4) –, sind für Vernachlässigung oder Misshandlung besonders anfällig. Der schwierige Zugang zu diesen Personen sowie die Frage, wie diese dazu gebracht werden können, Hilfe anzunehmen, stellt für viele Fachpersonen, die im Kontext der häuslichen Betreuung tätig sind, eine große Herausforderung dar (Baumeister et al. 2015a, 65). Als hindernden Faktor für die Inanspruchnahme von Hilfe wurde in den Gesprächen mit Betreuenden und Betreuten (Baumeister, Beck & Gehrig 2017a, 183–186) die Verweigerung der Annahme fremder Hilfe durch die pflegebedürftige Person genannt. Das Zulassen fremder Hilfe kann entsprechend je nach Beziehungsqualität maßgeblich von der betreuten Person mitbestimmt werden. Am deutlichsten zeigt sich dieser negative Einfluss bei der pflichterfüllenden Beziehungsqualität. Wie oben beschrieben, können bei diesen Betreuungsdyaden die pflegenden Angehörigen äußerst belastet, wenn nicht überlastet sein, ohne dass Hilfe gesucht oder angenommen würde. Einerseits stellt die betreute Person den Anspruch, von der nahestehenden Person selbst betreut und gepflegt zu werden, andererseits entspricht die Hilfe durch Drittpersonen mutmaßlich nicht den Qualitätsansprüchen der betreuenden Person.

Bei der Frage, ob Hilfe angenommen wird oder nicht, steht bei der wertschätzenden und der abgrenzenden Beziehungsqualität der Einfluss der betreuten Person weniger im Zentrum. Es kann davon ausgegangen werden, dass bei einer wertschätzenden Beziehungsqualität die Qualität der Betreuung und damit das Wohlbefinden der betreuten Person sowie der betreuenden Person als Kriterium für die Inanspruchnahme von Hilfe gilt.

Auf den Punkt gebracht

Angehörige sind i. d. R. die ersten Personen, die für pflegebedürftige Menschen Betreuungs- und Pflegeleistungen übernehmen. Im deutschsprachigen Raum sind sie die wichtigsten Versorgungspartner*innen für ältere Menschen. Diese Versorgung kann jedoch mit Nachteilen für die Gesundheit Pflegender verbunden sein.

Pflegende, die den Haushalt mit der gepflegten Person teilen, schätzen ihre Gesundheit im Vergleich zu Nichtpflegenden deutlich schlechter ein. Hinzu kommt, dass diese Angehörigen aufgrund der räumlichen Nähe kaum die Möglichkeit haben, der Pflegesituation auszuweichen. Die Pflegetätigkeit wird als körperlich und psychisch sehr anstrengend erlebt. Meistens handelt es sich um Frauen, die ihren Ehepartner pflegen und selbst schon in fortgeschrittenem Alter sind. Bei alleinstehenden alten Menschen übernehmen am häufigsten die Töchter oder Schwiegertöchter die Betreuung und Pflege, teilweise ergänzt durch ambulante Pflegedienste. Erwerbstätige Angehörige bemängeln die Vereinbarkeit von Pflege und Beruf und wünschen sich, ihre Arbeitszeit während dieser Zeit flexibler gestalten zu können.

Pflegende Angehörige nennen als wichtige Motive für die Pflegeübernahme Zuneigung und Liebe, Gefühle der persönlichen Verpflichtung oder das Fehlen einer Alternative. Die Belastung durch die Pflege wird maßgeblich von den Motiven der Pflegeübernahme und der Beziehungsqualität der involvierten Parteien beeinflusst.

Deutlich wahrgenommen wird diese Belastung, wenn schon früher ein konflikthaftes Verhältnis zwischen den Beteiligten bestand (abgrenzende Beziehungsqualität) und wenn die Pflege unfreiwillig, bspw. aufgrund von gesellschaftlichen Erwartungen oder einem Pflichtgefühl (pflichterfüllende Beziehungsqualität) übernommen wurde. Das Erkennen der persönlichen Grenzen durch die Pflegebelastung ist eine wichtige Voraussetzung für das Wohlergehen von Betreuenden und Betreuten (wertschätzende Beziehungsqualität). Zum richtigen Zeitpunkt Hilfe zu holen, scheint jedoch eine zentrale Herausforderung für betreuende Angehörige zu sein. Schuldgefühle oder sehr hohe Qualitätsansprüche (pflichterfüllende Beziehungsqualität) verhindern oft, dass Betreuende Hilfe von Fachpersonen annehmen. Auch Scham, Unsicherheit, finanzielle Überlegungen und isolierte Familiensysteme (gegenseitig hilfebedürftige Beziehungsqualität) sind in diesem Kontext von Bedeutung.

Reflexionsfragen

- Was sind die Motive für die Pflegeübernahme eines Angehörigen?
- Mit welchen Herausforderungen und Belastungen sind pflegende Angehörige konfrontiert?
- Wie kann die Beziehungsqualität zwischen den Pflegenden und den Gepflegten die Pflegesituation (und die Inanspruchnahme von Hilfe) beeinflussen?

Weiterführende Literatur

Kaschowitz, Judith (2021): Angehörigenpflege als Gesundheitsrisiko. Die Rolle des Haushalts-, Migrations- und Länderkontexts. Wiesbaden: Springer.

Wilz, Gabriel & Pfeiffer, Klaus (2019): Pflegende Angehörige. Fortschritte der Psychotherapie (Bd. 73). Göttingen: Hogrefe (Kap. 1 und 2).

Baumeister, Barbara, Gehrig, Milena, Beck, Trudi & Gabriel, Thomas (2015b): Häusliche Betreuung alter Menschen: Eine Informationsbroschüre für betreuende und betreute Personen. Zürich: ZHAW.

3 Komplexität und Vielfalt häuslicher Missstände im Alter

☞ Überblick

Missstände in häuslichen Pflegebeziehungen können vielfältig und sehr komplex sein. Häufig sind Angehörige schon lange in die Betreuung und Pflege involviert. Ein einzelner Vorfall kann schließlich zur Eskalation führen. Seltener bleibt es bei diesem Einzelfall und es entwickelt sich sukzessive eine Gewaltspirale. Dabei ist es wichtig, das komplexe Geschehen nicht nur nach Häufigkeit und Form der Gewalthandlung zu differenzieren, sondern danach – und dies insbesondere im Kontext häuslicher Pflegebeziehungen –, ob eine Schädigungsabsicht besteht oder keine und ob diese situationsbedingt oder situationsübergreifend stattfindet. Diese Entstehungsbedingungen haben wiederum Auswirkungen auf Präventions- und Interventionsmaßnahmen.

Im folgenden Kapitel werden neben Grundformen der Misshandlung (► Kap. 3.1) auch verschiedene Konfliktmuster vorgestellt, die sich durch die Bedingungen zur Konfliktentstehung und die Beziehung der am Konflikt Beteiligten unterscheiden und entsprechend unterschiedliche Interventionsmaßnahmen verschiedener Fachpersonen erfordern (► Kap. 3.2). Dies ermöglicht eine Systematisierung vielfältiger Vorfälle häuslicher Misshandlungen und Vernachlässigungen und dient dazu, das komplexe Geschehen häuslicher Konflikte besser zu verstehen und einzuordnen. Gewalt in häuslichen Pflegebeziehungen betrifft soziale, rechtliche, psychologische und medizinische Aspekte und bezieht sich auf verschiedene Fachbereiche. Dabei ist es wichtig, dass die involvierten

Fachpersonen ihre Interventionen gemeinsam planen und koordinieren, um Missstände zu beenden oder zu verhindern (▶ Kap. 3.3).

3.1 Genese von Gewalt und Vernachlässigung

Die Gründe, die zur Entstehung von Gewaltsituationen in Pflegebeziehungen führen, sind vielfältig und individuell verschieden. Es gibt eine Reihe von Faktoren, die sich gegenseitig bedingen und das Risiko für problematische Situationen erhöhen (▶ Kap. 1.2.3). Selten kommt es plötzlich und ohne Vorzeichen zu einer Eskalation. Meistens haben Gewalt- und Misshandlungsfälle eine längere Vorgeschichte (Suhr 2015, 22). Herausfordernde Pflegesituationen können bei Angehörigen zu starken Belastungen und »nicht intendierten Impulsen und Emotionen wie Wut, Frustration, Ärger und aggressiven Handlungen führen« (Wilz & Pfeiffer 2019, 8). Selten tritt eine Gewaltform allein auf. So geht z. B. körperliche Gewalt oft mit psychischer Misshandlung wie Anschreien, Schimpfen, Drohen einher und Vernachlässigung kann mit Einschränkung der persönlichen Freiheit, sozialer Isolation und Beschränkung im persönlichen Tagesablauf verbunden sein (Grundel et al. 2014, 11; Hirsch 2010, 145). Die Beziehungen sind zudem oft geprägt von gegenseitiger Abhängigkeit und einer »Beziehungsasymmetrie (alter Mensch – jüngerer Mensch, Stärkerer – Schwächerer)« (Hirsch 2010, 145). Im Hinblick auf die Motive und Auslöser von Misshandlung und Vernachlässigung Pflegebedürftiger ist es daher wichtig zu unterscheiden zwischen einer spontanen Reaktion, einer an situative Bedingungen gekoppelten Misshandlung und einer systematischen, situationsübergreifenden Misshandlung, die von Kontrollverhalten und Machtausübung geprägt ist (EBG, 2021; Baumeister & Beck 2017, 32 f.).

Eine Form von Misshandlung als spontane Reaktion kann generell in Beziehungen vorkommen und muss sich nicht zu einem systematischen Muster entwickeln. Wenn ein einmaliger ›Ausrutscher‹ jedoch folgenlos akzeptiert wird, steigt das Risiko für die situationsübergreifende Misshandlung. Die Gewaltspirale von Walker (1979) verdeutlicht diesen Zyklus: Nach einem Spannungsaufbau kommt es zum Ausbruch von Gewalt oder einer Spannungsentladung, der eine Latenzphase folgt. In dieser Phase der Reue oder Wiedergutmachung kommt es zu einer Distanzierung zum Vorgefallenen und zum Abschieben der Verantwortung, bis es in einer nächsten Situation erneut zum Spannungsaufbau kommt, was schließlich zu einem Gewaltzyklus führen kann (▶ Abb. 3).

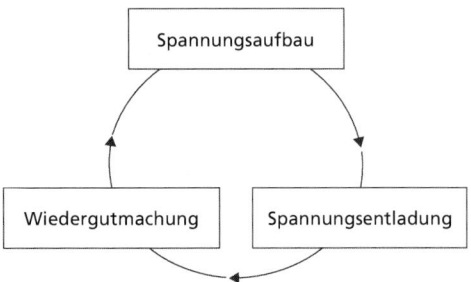

Abb. 3: Gewaltspirale/Gewaltzyklus in Anlehnung an Walker (1979) (aus: Mayer, Klaus: Männer, die Gewalt gegen die Partnerin ausüben. In: Fachstelle für Gleichstellung Stadt Zürich u. a.(Hrsg.): Häusliche Gewalt erkennen und richtig reagieren. Handbuch für Medizin, Pflege und Beratung (53–66, hier 69). 2. Aufl. 2010, © 2007/2010 by Verlag Hans Huber, Hogrefe AG, Bern)

Ergänzend, so Görgen et al. (2012b, 26), ist zusätzlich zu unterscheiden, ob bei der Tatperson eine Intention oder keine Intention vorhanden ist. Eine Unterscheidung zwischen körperlichen und psychischen Formen der Viktimisierung und zwischen Misshandlung (aktivem Tun) und Vernachlässigung sehen sie nur als begrenzt aussagekräftig. Görgen et al. unterscheiden daher zwei miteinander verknüpfte Merkmale:

1. Gibt es eine Intention der Tatperson, die pflegebedürftige Person zu schädigen?
2. Wenn eine Intention vorhanden ist: Ist sie eng an eine spezifische situative Bedingung gebunden oder geht sie darüber hinaus und ist situationsübergreifend vorhanden?

3.1 Genese von Gewalt und Vernachlässigung

Das Vorliegen einer Intention wird dann bejaht, wenn die betreffende Person mit der jeweiligen Handlung (oder Unterlassung) einen Effekt bewusst anstrebt, der eine Schädigung der pflegebedürftigen Person einschließt oder nach sich zieht. Von diesen Merkmalen ausgehend unterscheiden Görgen et al. vier Grundtypen der Viktimisierung Pflegebedürftiger, wie die nachfolgende Tabelle zeigt (ebd., 28) (▶ Tab 5).

Tab. 5: Grundformen der Misshandlung Pflegebedürftiger anhand der Merkmale der Schädigungsintention und des situativen oder situationsübergreifenden Charakters

Grundtyp 1	Grundtyp 2
keine Schädigungsintention	keine Schädigungsintention
Misshandlung/Vernachlässigung situativ	Misshandlung/Vernachlässigung situationsübergreifend
Grundtyp 3	**Grundtyp 4**
Schädigungsintention vorhanden	Schädigungsintention vorhanden
Misshandlung/Vernachlässigung situativ	Misshandlung/Vernachlässigung situationsübergreifend

Eigene Darstellung

Beispiele für die Grundtypen 1 und 2 sind die Vernachlässigung einer pflegebedürftigen Person aus Unwissen oder aus Überforderung. Derartige Verhaltensmuster können situativ oder situationsübergreifend auftreten. Ein situativer Fall von Grundtyp 1 wäre z. B. eine spontane Abwehrreaktion auf einen physischen Angriff der pflegebedürftigen Person, der zu einer Verletzung letzterer führt. Ein situationsübergreifendes Fallbeispiel von Grundtyp 2 könnte z. B. die Einschränkung der Bewegungsfreiheit sein, um notwendige pflegerische Handlungen auszuführen oder die pflegebedürftige Person vor sich selbst zu schützen. In der Studie von Görgen et al. (2012b, 26) wurden solche Verhaltensweisen im Rahmen von Interviews mit pflegenden Angehörigen sowie ambulanten Pflegekräften häufig geschildert.

Zum Grundtyp 3 gehören laut Görgen et al. (ebd., 27) Fälle, bei welchen »in einer emotional aufgeladenen Situation der Wunsch entsteht, die pflegebedürftige Person zu verletzen, zu demütigen, ihr Schmerzen zu-

zufügen, sie im extremen Fall sogar zu töten«. Bei den Fällen, die dem Grundtyp 4 zugeordnet werden, sind die Ereignisse sehr unterschiedlich. Gemeinsam ist ihnen, dass das Handeln nicht nur situativ, sondern auch über eine spezifische Situation hinaus von dem Bestreben geleitet ist, die pflegebedürftige Person zu schädigen. Die konkrete Situation kann für das angestrebte Ziel entweder herbeigeführt werden oder aber als sich bietende Gelegenheit genutzt werden (ebd.).

Im folgenden Kapitel werden verschiedene Konfliktmuster und Situationsbeispiele geschildert, die, soweit möglich, den vier Grundtypen zugeordnet werden.

3.2 Konfliktmuster

Aus zahlreichen Untersuchungen ist bekannt, dass der Zugang zu Gewaltopfern im häuslichen Kontext äußerst schwierig ist. Häusliche Gewalt spielt sich im privaten Umfeld ab und bleibt der Öffentlichkeit oder den Forschenden lange verborgen. Es gibt verschiedene *Gründe*, weshalb Personen über Vorfälle häuslicher Gewalt zurückhaltend berichten: Furcht vor Repression und Stigmatisierung, Schutz der Privatsphäre, emotionale und finanzielle Abhängigkeiten, die Scham, sich als Opfer oder Tatperson erkenntlich zu machen, oder krankheitsbedingte Einschränkungen, die verhindern, dass Opfer über Vorgefallenes berichten können (Görgen et al. 2012b, 14; Baumeister & Beck 2017, 26).

Bei der schweizerischen Geschäftsstelle der Unabhängigen Beschwerdestelle für das Alter (UBA) gehen täglich Beschwerden ein, die einen Einblick in das Dunkelfeld belasteter häuslicher Betreuungssituationen ermöglichen. Die UBA ist ein Kompetenzzentrum für Konfliktlösungen im Alter. Sie leistet Hilfe für Menschen, die von jeglicher Form von Gewalt betroffen sind (UBA 2021a). Die UBA gibt sich den Auftrag, Gewalt gegen alte Menschen und Konflikte, bei welchen ältere Menschen benachteiligt werden, durch Fachpersonen abzuklären, Konfliktlösungen vorzuschlagen und diese zu begleiten (Wettstein 2017a, 17). Die UBA wurde 1997 in

3.2 Konfliktmuster

Zürich gegründet und ist mittlerweile in der gesamten Schweiz vernetzt. Seit 2010 wird bei der UBA Schweiz eine gemeinsame Datenerfassung der eingehenden Beschwerden aus allen UBA-Regionen geführt. Jede Person, die Verdacht auf Missstände bei alten Menschen schöpft, Misshandlungen beobachtet oder selbst davon betroffen ist, kann sich an die Beschwerdestelle wenden. Eingereichte Beschwerden werden von Fachpersonen aus Medizin, Sozialarbeit, Recht, Pflege oder Psychologie geprüft und bearbeitet. Je nach Konfliktfall ziehen die fallführenden Personen weitere Fachpersonen oder Fachstellen in die Bearbeitung bei. Die jeweils fallführenden Fachpersonen dokumentieren den Fallverlauf und geben diese Daten an die Geschäftsstelle zurück. Diese führt für jede Beschwerde eine Fallakte.

Im Jahr 2021 hat die UBA 527 Beschwerdefälle bearbeitet (UBA 2021b, 16). Bei 72 % aller Beschwerden handelte es sich um Konflikte, bei 19 % um eine Gewaltthematik und bei 9 % um eine Abklärung und Beratung. Den Beschwerden lagen in 38 % psychische Probleme, in 34 % finanzielle Probleme, 13 % Grundrechtsverletzungen, 12 % physische Probleme und in weiteren 3 % andere Probleme zugrunde (▶ Abb. 4).

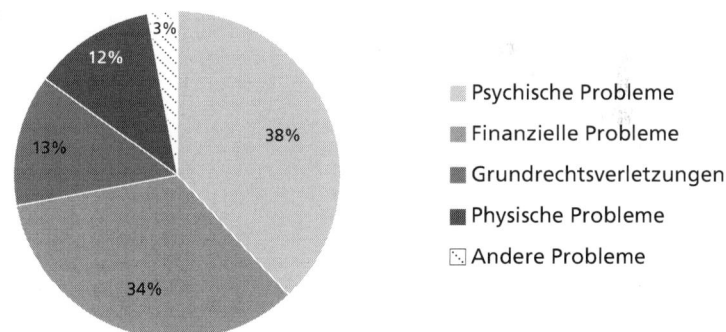

Abb. 4: Beschwerden nach Problembereich, n = 527 (Daten aus: UBA 2021b, 16)

Um die Genese verschiedener Konflikte und das komplexe Geschehen bei häuslichen Missständen besser zu verstehen, wurden im Rahmen der Studie »Schutz in der häuslichen Betreuung alter Menschen« neben Interviews mit Betreuenden und Betreuten (▶ Kap. 2.5) und Interviews und Gruppendiskussionen mit verschiedenen Fachpersonen, die in diesem

Kontext tätig sind, auch die Beschwerdeakten der UBA Kanton Zürich und Schaffhausen analysiert (Baumeister, Beck & Gehrig 2017b, 43–63; Baumeister et al. 2015a, 10–15). Dabei wurden ausschließlich die Fälle in der Studie berücksichtigt, in denen die ältere Person zu Hause lebte. Beschwerden, die sich auf ein stationäres Setting bezogen, wurden ausgeschlossen. Der Konflikt sollte sich auf zwei oder mehrere Privatpersonen beziehen, da das Forschungsinteresse dem Schutz in der häuslichen Betreuung alter Menschen galt. Es wurden sämtliche Fallakten, die in den Jahren 2009 und 2012 eröffnet wurden, gesichtet (n = 572). Beim größten Teil der Fallakten handelte es sich um Beschwerden gegenüber Firmen, Versicherungen oder Fachpersonen, die von der Studie – wie oben erläutert – ausgeschlossen wurden. Schließlich entsprachen 31 Beschwerdefälle dem Forschungsfokus und waren Gegenstand der Analyse (Baumeister et al. 2015a, 10–15).

Die Ergebnisse der Aktenanalyse zeigen *sechs unterschiedliche Konfliktmuster*, denen verschiedene Bedingungen der Konfliktentstehung und unterschiedliche Möglichkeiten der Konfliktbearbeitung durch Fachpersonen zugrunde liegen. Durch die Benennung dieser sechs Konfliktmuster wird eine Systematisierung vielfältiger Fälle von häuslicher Misshandlung und Vernachlässigung ermöglicht. Im Rahmen von Interviews und Gruppendiskussionen mit Sozialarbeitenden, Pflegenden und medizinischen Fachpersonen wurden diese Konfliktmuster evaluiert und durch zahlreiche Situationsbeispiele aus der Berufspraxis der beteiligten Fachpersonen ergänzt.

In den folgenden Kapiteln werden die sechs Konfliktmuster dargestellt und jeweils mit einem charakteristischen Situationsbeispiel illustriert. Dabei ist zu beachten, dass ein bestehender Konflikt nicht zwingend von einer Form der Misshandlung begleitet sein muss. Konflikte sind dennoch Missstände, die leicht auch in Gewaltanwendung oder Vernachlässigung eskalieren können. Die Bezeichnungen der Konfliktmuster verweisen auf zentrale Merkmale dieser Fälle.

> **Konfliktmuster**
>
> - intergenerative Verstrickung (▶ Kap. 3.2.1)
> - Partnerschaft und demenzielle Entwicklung (▶ Kap. 3.2.2)
> - Geschwisterkonflikt um Betreuungsleistung und Finanzierung (▶ Kap. 3.2.3)
> - soziale Nähe und finanzielle Ausnutzung (▶ Kap. 3.2.4)
> - soziale Isolation und nachbarschaftliches Umfeld (▶ Kap. 3.2.5)
> - Handlungsautonomie und Schutzbedarf (▶ Kap. 3.2.6)

3.2.1 Intergenerative Verstrickung

Eine intergenerative Verstrickung zeichnet sich durch gegenseitige strukturelle, materielle und biografisch-soziale Abhängigkeiten zwischen einem Elternteil und der betreuenden Tochter oder dem betreuenden Sohn aus. Die Abhängigkeit der betreuenden Person wird hier mitberücksichtigt (Baumeister, Beck & Gehrig 2017b, 46–50). Ausgehend von den im Kapitel 1.2.3 ausgeführten Risikofaktoren bei Tatpersonen ist bei der intergenerativen Verstrickung das Merkmal der »Abhängigkeit« ausgeprägt. Gemäß verschiedenen Studien ist die Abhängigkeit der betreuenden Person von der betreuten Person ebenfalls ein dominanter Risikofaktor. Am häufigsten führt eine finanzielle Abhängigkeit oder die gemeinsame Wohnsituation, bspw. durch Arbeitslosigkeit der betreuenden Person bedingt, zu Missbrauchsfällen. Dieser Risikofaktor ist besonders relevant, wenn die gewaltausübende Person zur nachkommenden Generation des Opfers gehört (▶ Kap. 1.2.3), was bei diesem Konfliktmuster der Fall ist. Erwachsene Kinder sind im Falle einer Pflegebedürftigkeit eines Elternteils damit konfrontiert, Entscheidungen für den Elternteil zu treffen, von dem sie bisher selbst abhängig waren. Ist es der pflegenden Tochter oder dem pflegenden Sohn nicht möglich, diese Rollenumkehr zu vollziehen, kann dies zu massiven Konflikten führen (Wilz & Pfeiffer 2019, 17).

Die am Konflikt Beteiligten leben entweder im gleichen Haushalt oder im selben Haus mit getrennten Wohneinheiten. Es handelt sich um isolierte Familiensysteme. Die betreuende Person ist zusätzlich mit eigener psychischer oder physischer Krankheit/Behinderung oder Arbeitslosigkeit belastet. Solche Betreuungsverhältnisse sind gemäß den von Storey (2018) herausgearbeiteten Risikofaktoren (körperliche Einschränkung, psychische Erkrankung, Substanzmissbrauch, Stress und fehlende Anpassungsstrategien) ebenfalls besonders gefährdet für Misshandlung oder Vernachlässigung in der Betreuung alter Menschen. Hier wird deutlich, dass es häufig mehrere Faktoren sind, die zu Missständen in der häuslichen Betreuung führen können.

Die Beschwerde erfolgt bei diesem Konfliktmuster i.d.R. durch Außenstehende und häufig erst dann, wenn der Gesundheitszustand des betreuten Elternteils bereits als kritisch beurteilt wird und dringender medizinischer Handlungsbedarf besteht. Das Eingreifen oder die Hilfe von Außenstehenden wird jedoch i.d.R. von der Betreuungsperson abgelehnt. Häufig haben medizinische Fachpersonen wegen des schlechten Gesundheitszustands der pflegebedürftigen Person bereits mehrfach versucht zu intervenieren, bevor die Beschwerde an die UBA erfolgt.

Kritisch beurteilt werden bei diesen Fällen neben der inadäquaten Betreuung und Pflege zusätzliche Missstände wie Freiheitsberaubung, Demütigung oder physische Misshandlung durch die pflegende Tochter oder den pflegenden Sohn.

Fallbeispiel

Der Hausarzt meldet der UBA, dass ein Patient (Herr S., 84-jährig), häufiger vereinbarte Termine nicht wahrnehme und wenn, dann zunehmend in verwahrlostem Zustand bei ihm erscheine. Er bittet die Beschwerdestelle, die häusliche Situation des Patienten in Augenschein zu nehmen.

Eine Fachperson der Sozialen Arbeit und der Pflege besuchen Herrn S. Er wohnt mit seinem Sohn, der teilweise berufstätig ist, und einer behinderten Tochter zusammen. Die beiden Kinder von Herrn S. sind beide ledig und haben bis zu diesem Zeitpunkt immer im Elternhaus gewohnt. Die Tochter kümmert sich um den Haushalt, der jedoch in bedenklichem Zustand erscheint (abgelaufene Lebensmittel, herumliegende Kleider, schmutzige Böden und Bäder). Der Vater, der zunehmend vergesslicher wird, erledigt finanzielle Angelegenheiten noch selbständig. Die Familie ist finanziell gut abgesichert.

Im Rahmen einer medizinischen Abklärung durch den Hausarzt wird der Verdacht auf eine demenzielle Entwicklung erhärtet: Die Auswertung der Testverfahren bestätigen eine mittelschwere Demenz. Die Sozialarbeiterin erstellt für Herrn S. einen Antrag auf Beistandschaft (in Deutschland rechtliche Betreuung) und sucht für ihn einen Platz in einer stationären Pflegeeinrichtung. Überbrückend wird durch die Sozialarbeiterin ein ambulanter Pflege- und Mahlzeitendienst organisiert.

Es zeigt sich, dass hier ein Eingriff in ein Familiensystem vorgenommen wird, das zeitlebens durch Abhängigkeit geprägt war (beidseitig hilfebedürftige Beziehung, ▶ Kap. 2.5.4). Keine der am System beteiligten Person hat selbst etwas unternommen, um die Situation zu verändern. In diesem Fallbeispiel wurde keine aktive Misshandlung festgestellt, jedoch zeigt sich eine situationsübergreifende Vernachlässigung ohne Schädigungsabsicht der Tochter oder des Sohnes (vgl. Grundtyp 2 der Misshandlung und Vernachlässigung nach Görgen et al. 2012b, ▶ Tab. 5).

3.2.2 Partnerschaft und demenzielle Entwicklung

Das Konfliktmuster »Partnerschaft und demenzielle Entwicklung« manifestiert sich durch krankheitsbedingte Veränderungen seitens der pflegebedürftigen Person, was die gegenseitige Beziehung beider Parteien stark beeinträchtigt (Baumeister, Beck & Gehrig 2017b, 50–54). Wie im Konfliktmuster »intergenerative Verstrickung« sind auch hier gegenseitige, biografisch bedingte Abhängigkeiten nicht auszuschließen. Partnerschaften sind, wie bei der »beidseitig hilfebedürftigen Beziehungsqualität« (▶ Kap. 2.5.4), durch bisherige Rollen- und Arbeitsteilungen geprägt, was im höheren Alter zu großen Herausforderungen führen kann, wenn eine Person nicht mehr in der Lage ist, ihre Aufgaben zu erledigen. Die betreuende Person ist dadurch stark gefordert und zusätzlich durch die Krankheit der betreuten Person belastet, dies gilt insbesondere bei einer demenziellen Entwicklung.

Kognitive und neurologische Beeinträchtigungen – sie gehören u. a. zu den von Storey (2018) und der WHO (2015) definierten Risikofaktoren (▶ Kap. 1.2.3) – werden von den Angehörigen als stärkste Belastung empfunden, da sie mitunter zu Persönlichkeitsveränderungen bis hin zum Verlust der Identität führen können und von unkontrollierbarem und unvorhersehbarem Krankheitsverlauf geprägt sind (Wilz & Pfeiffer 2019, 4 f.). Angehörige von Menschen mit Demenz übernehmen die Betreuung und Pflege meist über mehrere Jahre. Die Pflegebelastung nimmt durch den progredienten Krankheitsverlauf stetig zu. Bei einer fortgeschrittenen Demenz sind die pflegenden Angehörigen rund um die Uhr gefordert, wobei nächtliche Störungen eine besondere Belastung darstellen (ebd., 5).

Trotz der starken Belastung unternehmen bei diesem Konfliktmuster die betreuenden Angehörigen nichts, um die Situation zu verändern. Besonders bei einer demenziellen Erkrankung, fehlender Krankheitseinsicht der von Demenz betroffenen Person und einem ungenügenden Krankheitsverständnis der betreuenden Person kann dies fatale Folgen haben (Brendebach 2000, 40). In den Fällen, die diesem Konfliktmuster zugeordnet werden, kommt es durch die fortgeschrittene Demenz der einen Person zu zunehmender Überforderung der betreuenden Person, was schließlich zu einer Eskalation führt. Die kritische Situation zeichnet sich durch Misshandlung und/oder Vernachlässigung der betreuenden Person gegenüber der an Demenz erkrankten Person aus. Oder aber die demenzerkrankte Person verhält sich durch krankheitsbedingte Veränderungen der Persönlichkeit aggressiv oder gewalttätig gegenüber ihrer*ihrem Partner*in.

I. d. R. erfolgt auch hier die Beschwerde durch eine außenstehende Person, bspw. durch eine ambulante Pflegekraft oder eine Person aus dem nahen sozialen Umfeld. Es können auch die Kinder des Paars sein, die diese Missstände beobachten und sich hilfesuchend an die UBA wenden. Solche Fälle werden von Fachpersonen der UBA aus dem pflegerischen Bereich bearbeitet, wobei es sich um Beratung zur Optimierung des Betreuungssettings sowie der Aufklärung über krankheitsbedingte Veränderungen handelt. Häufig wird der Hausarzt beigezogen. Bei kritischen Situationen empfiehlt die UBA, Anzeige bei der Polizei zu erstatten.

Fallbeispiel

Eine Mitarbeiterin im Sozialdienst eines Krankenhauses meldet sich bei der UBA und bittet diese, die Situation einer Patientin (Frau B.), die soeben entlassen wurde, zu Hause abzuklären. Die Sozialarbeiterin vermutet körperliche Misshandlung des Ehemanns gegenüber seiner an Demenz erkrankten Frau.

Frau B. leidet an einer Demenz. Nach dem Krankenhausaufenthalt, der durch Verletzungen aufgrund eines Sturzes notwendig wurde, hat sich ihr Zustand deutlich verschlechtert. Der Ehemann hat die Betreuung und Pflege der Frau bisher übernommen. Zusätzlich wird nach dem Krankenhausaufenthalt ein Pflegedienst für die Körperpflege der Frau beigezogen, was durch die Sozialarbeiterin im Spital in die Wege geleitet wird. Bereits im Krankenhaus und später auch durch die ambulante Pflegefachperson werden wiederholt blaue Flecken an Armen und Beinen von Frau B. festgestellt.

Ein Sozialarbeiter der UBA klärt die Situation vor Ort ab. Der Ehemann zeigt sich verständnisvoll, möchte jedoch keine weitere Unterstützung annehmen. Bezüglich der blauen Flecken gesteht er ein, dass es Situationen gäbe, in denen seine Frau nicht kooperativ sei. Kürzlich hätten sie außer Haus eine Verabredung gehabt und er hätte alles bereitgelegt, damit sie pünktlich das Haus verlassen könnten. Dann war er kurze Zeit abgelenkt, als er einen Anruf entgegennehmen musste. In dieser Zeit habe seine Frau die bereitgelegte Tasche versteckt, was der Mann als vorsätzliche Tat beurteilte. Da sei er wütend geworden und habe sie gepackt. Er verspricht jedoch, dass sich das nicht mehr wiederholen würde. Herr B. wird über die Krankheit aufgeklärt. Der Sozialarbeiter versucht ihm bewusst zu machen, dass seine Frau dies nicht absichtlich gemacht hat, sondern dass es ein Verhalten ist, das sich aus der Krankheit ergibt.

Kurze Zeit später muss Frau B. erneut ins Krankenhaus eingeliefert werden, da sie gestürzt ist. Im Krankenhaus stellt man fest, dass sie erneut blaue Flecken hat. Zusammen mit dem Ehemann wird jetzt eine intensivere Betreuung durch Fachkräfte eingerichtet und drei Tage in der Woche wird Frau B. in einer Tageseinrichtung betreut.

Bei diesem Fallbeispiel zeigt sich eine situationsübergreifende Misshandlung, wenn auch aus Überforderung, dennoch begleitet von einer Schädigungsabsicht (vgl. Grundtyp 4 der Misshandlung und Vernachlässigung nach Görgen et al. 2012b, ▶ Tab. 5). Die Ursache der Misshandlung kann – neben fehlendem Krankheitsverständnis des pflegenden Ehemannes – in der Pflegebelastung und der damit verbundenen Überforderung gesehen werden, wie es mit der *Situational Theory* (Abolfathi Momtaz et al. 2013) begründet wird (▶ Kap. 1.2.3). Die intervenierenden Fachpersonen setzen den Fokus auf Entlastungsangebote. Gleichzeitig wird durch regelmäßige Einsätze einer ambulanten Pflegekraft eine beobachtende dritte Person in das Betreuungssetting einbezogen, die einen hemmenden Effekt auf Gewaltanwendung ausüben kann, wie das die *Routine Activity Theory* erklärt (Miro 2014) (▶ Kap. 1.2.3).

3.2.3 Geschwisterkonflikt um Betreuungsleistung und Finanzierung

Bei diesem Konfliktmuster übernimmt eine Tochter oder ein Sohn die Betreuung eines Elternteils. Geschwister der betreuenden Person sind jedoch mit der Qualität der Pflege und deren Finanzierung nicht einverstanden. Anders als bei den bisher erwähnten Konfliktmustern ist hier die betreute Person nicht direkt in den Konflikt involviert. Der Konflikt manifestiert sich außerhalb des Betreuungssettings und ist durch biografische und materielle Faktoren beeinflusst (Baumeister, Beck & Gehrig 2017b, 54f.).

Gemäß der Metaanalyse von Yon et al. (2017) (▶ Kap. 1.2.2) tritt unter Berücksichtigung verschiedener Misshandlungsformen eine psychische Misshandlung am häufigsten auf, gefolgt von finanzieller Ausbeutung. Der betreuenden Person wird neben finanzieller Veruntreuung auch Vernachlässigung und Einschränkung der persönlichen Freiheit des Elternteils vorgeworfen. Die Beschwerde wird entweder durch die betreuende Person selbst oder durch Geschwister, die an der Betreuung nicht beteiligt sind, bei der UBA eingereicht. Solche Fälle werden von Fachpersonen aus dem psychosozialen und rechtlichen Bereich abgeklärt. Die Fachpersonen bestätigen mehrheitlich die Veruntreuung von Geldern eines Elternteils durch die betreuende Tochter oder den betreuenden Sohn. Die Qualität der Pflege und Betreuung des Elternteils wird nicht in allen Fällen als ungenügend eingeschätzt. I. d. R. wird für die gepflegte Person eine Beistandschaft (in Deutschland rechtliche Betreuung) abgeklärt. Teilweise wird unter Beizug der hausärztlichen Vertrauensperson der Pflegebedarf eruiert und optimiert.

Fallbeispiel

Eine Tochter, die den Haushalt mit ihrer Mutter teilt, wendet sich hilfesuchend an die UBA. Die Tochter berichtet, dass sie ihre Mutter seit längerer Zeit betreut, was vertraglich auch so mit der Mutter geregelt sei. Die Tochter hat ihrer Mutter versprochen, sie bis zum Lebensende zu Hause zu pflegen. Da die Mutter eine fortgeschrittene Demenz hat, würde die Tochter für die Mutter gerne die Beistandschaft (in Deutschland ehrenamtliche rechtliche Betreuung) übernehmen. Die demenzkranke Mutter hat weiter zwei Söhne, die gegen eine Beistandschaft durch ihre Schwester sind. Die beiden Söhne wollen die Mutter in eine Pflegeeinrichtung einweisen, da sie die Betreuung und Pflege der Mutter durch ihre Schwester als ungenügend beurteilen. Die Mutter würde zunehmend verwahrlosen. Weiter bezweifeln die Söhne, dass ihre Schwester einen Pflegevertrag mit der Mutter vereinbart habe.

Eine Fachperson mit sozialarbeiterischem Hintergrund organisiert ein gemeinsames Treffen mit allen Geschwistern, um in diesem Konflikt zu vermitteln. In der Folge wird eine Berufsbeistandschaft (im Gegensatz zu einer Beistandschaft durch Angehörige) für die Mutter abgeklärt (rechtliche Betreuung). Damit die Mutter weiterhin zusammen mit ihrer Tochter in der Wohnung verbleiben kann, wird die Betreuung zusätzlich durch einen ambulanten Pflegedienst ergänzt.

Bei diesem Konfliktmuster sind neben der Sorge um die betreute Mutter finanzielle Interessen ausschlaggebend, aufgrund derer sich Familienangehörige des pflegebedürftigen Elternteils hilfesuchend an eine Fachstelle wenden. Ob und in welcher Form Misshandlung und Vernachlässigung stattfindet, ist von Fall zu Fall sehr unterschiedlich.

3.2.4 Soziale Nähe und finanzielle Ausnutzung

Wie bei dem oben erwähnten Konfliktmuster »Geschwisterkonflikt um Betreuungsleistung und Finanzierung« sind auch beim Muster »Soziale Nähe und finanzielle Ausnutzung« finanzielle Interessen ausschlaggebend. Die betreuungsbedürftige ältere Person ist bei diesen Fällen jedoch vom Konflikt tangiert, indem sie finanziell beeinträchtigt wird. Die Qualität der Pflege der älteren Person ist hingegen nicht Gegenstand dieses Konflikts (Baumeister, Beck & Gehrig 2017b, 55–57). Das Muster »Soziale Nähe und finanzielle Ausnutzung« zeichnet sich durch finanzielle Ausnutzung einer betreuungsbedürftigen Person, die kognitiv beeinträchtigt ist (häufig aufgrund einer beginnenden Demenz), durch eine Person aus dem sozialen Nahraum, aus. Dies kann bspw. der*die Ehepartner*in, frühere Ehepartner*in, ein Kind oder eine Person aus der Nachbarschaft sein.

Es zeigt sich bei diesem Muster, dass die betroffene Person, die sich in einer finanziellen Notlage befindet, sich hilfesuchend an die UBA wendet, oder dass ein weiteres Familienglied um Unterstützung bei der UBA bittet. Die in solchen Fällen involvierten Fachpersonen der UBA sind aus dem juristischen und sozialen Bereich. Sozialarbeitende beraten die betroffene Person, respektive das beschwerdeführende Familienmitglied und unterstützen bei administrativen Arbeiten wie Aufsetzen einer Kündigung, Schreiben zur Aufforderung einer Darlehensrückforderung etc. Die juristischen Fachpersonen bieten Rechtsberatung. Es wird in allen Fällen angestrebt, der benachteiligten Person mithilfe juristischer und polizeilicher Maßnahmen zu ihrem Recht zu verhelfen. Diese Maßnahmen sind nicht immer erfolgreich. Es kann sein, dass die betroffene Person weiterhin in einer prekären finanziellen Situation verbleibt und deswegen Unterstützungsmöglichkeiten durch die Sozialbehörde der Gemeinde abgeklärt werden müssen.

Fallbeispiel

Frau A. hat eine mittelschwere Demenz und lebt allein zu Hause. Sie wird von einer Bekannten aus dem näheren Wohnumfeld, die nicht mehr berufstätig ist, betreut. Frau A. ist sehr froh um diese Unterstützung und berichtet dies ihrem Sohn am Telefon. Der Sohn kann seine

Mutter lediglich ein- bis zweimal im Monat besuchen, da er berufstätig ist und eine weite Anreise hat.

Nun zeigt sich, dass die betreuende Nachbarin seine Mutter zunehmend von ihm abschirmt, mit der Begründung, dass die Mutter Ruhe brauche und lieber keinen Besuch wünsche. Dem Sohn fallen bei einem späteren Besuch diverse hohe Geldbezüge der Mutter auf, die für ihn unerklärbar sind.

Verunsichert und beunruhigt wendet er sich mit der Bitte an die UBA, den Sachverhalt vor Ort abzuklären. Der Fall wird von einer juristischen und einer sozialarbeiterischen Fachperson übernommen. Nähere Abklärungen ergeben, dass Frau A. bereits ihre Eigentumswohnung auf die Nachbarin überschrieben hat und dabei ist, das Testament zu ändern. Dem Sohn wird empfohlen, eine Strafanzeige bei der Polizei zu erstatten und den Vorfall der Erwachsenenschutzbehörde zu melden, damit die Urteilsfähigkeit seiner Mutter abgeklärt wird (in Deutschland Antrag bei der Betreuungsstelle/beim Betreuungsgericht).

Mit diesem Fallbeispiel wird deutlich, dass die bekannte Person aus der Nachbarschaft das ihr entgegengebrachte Vertrauen ausnutzt und sich auf Kosten der pflegebedürftigen Person bereichert. Die Viktimisierung der pflegebedürftigen Person ist mit einer situationsübergreifenden Intention einer Schädigung des Opfers verbunden, was sich dem Grundtyp 4 nach Görgen et al. (2012b, 27, ▶ Tab. 5) zuordnen lässt (▶ Kap. 3.1). Ob die Betreuungsübernahme bereits mit Blick auf das angestrebte Ergebnis von der Nachbarin herbeigeführt wurde oder ob die sich bietende Gelegenheit aufgegriffen wurde, kann anhand der Angaben nicht beurteilt werden.

3.2.5 Soziale Isolation und nachbarschaftliches Umfeld

Bei den Beschwerdefällen, die dem Muster »Soziale Isolation und nachbarschaftliches Umfeld« zugeordnet werden, erregt eine alleinstehende, zurückgezogene ältere Person im nachbarschaftlichen Umfeld durch ihr auffälliges Verhalten Anstoß. Personen aus der Nachbarschaft fühlen sich durch die Person bedroht oder gestört. Es kann sein, dass schlechter Geruch aus der Wohnung strömt, die Person ungepflegt im Quartier herumirrt oder aggressives Verhalten gegenüber der Nachbarschaft zeigt (Baumeister, Beck & Gehrig 2017b, 57–59). Es handelt sich bei diesen Fällen um Nachbarschaftskonflikte aufgrund von vermuteter Verwahrlosung und sozialer Isolation einer älteren Person. Selbstvernachlässigung ist, wie in Kapitel 1.2.1 ausgeführt, ein Mangel an Selbstpflege, sei es im Bereich der Ernährung, der Kleidung oder der allgemeinen Wohnungshygiene (Gogl 2014, 114). Dies kann die Folge von Schmerzen, einem kritischen Lebensereignis, altersbedingter Gebrechlichkeit oder einer demenziellen Entwicklung sein.

Um trotz gesundheitlicher Einschränkungen in der eigenen Wohnung verbleiben zu können, werden Hilfeleistungen notwendig, die zum großen Teil durch Angehörige übernommen werden (Baumeister, Beck & Gehrig 2017b, 62). Bei Hilfebedürftigkeit und insbesondere bei Mobilitätseinschränkungen kann der Mangel an betreuenden Angehörigen zu sozialer Isolation führen. Die Zahl der alleinlebenden Menschen steigt in den deutschsprachigen Ländern stark an. Während Männer bis ins hohe Alter mehrheitlich in Partnerschaften leben, »verbringen ältere Frauen ihren Lebensabend häufig als Alleinlebende, vor allem in der Altersgruppe ab 80 Jahren« (ogsa 2018, 3). Es kann davon ausgegangen werden, dass Missstände aufgrund von sozialer Isolation und/oder Selbstverwahrlosung tendenziell eher zunehmen werden.

Besorgt um die betroffene Person oder entrüstet über ihr auffälliges Verhalten, gelangen die Meldungen aus dem sozialen Nahumfeld (Nachbarschaft, Wohnbewirtschaftung oder Liegenschaftsverwaltung) an die UBA. Die hier intervenierenden Fachpersonen haben einen sozialarbeiterischen und medizinischen Hintergrund. Es werden jeweils Situationsanalysen durchgeführt und eine medizinische Abklärung vorgenommen, um die Versorgung und Unterstützung der betroffenen Person zu verbessern. Gleichzeitig wird versucht, den Konflikt mit dem Umfeld zu entschärfen, indem das soziale Nahumfeld, soweit möglich, über den Sachverhalt und das weitere Vorgehen informiert wird. Die Ursache wird häufig in einer beginnenden Demenz gesehen. Beistandschaft (Deutschland rechtliche Betreuung) wird abgeklärt. Je nach finanzieller Situation wird Sozialhilfe beantragt.

Fallbeispiel

Frau W. wohnt seit 50 Jahren allein in ihrer Wohnung in einem Miethaus mit neun Wohneinheiten. Kinder hat sie keine. Sie wird von der Nachbarschaft sehr geschätzt. Der Nachbarschaft fällt auf, dass Frau W. zunehmend schlecht hört und auch ihr Äußeres verwahrlost. Aus der Wohnung von Frau W. strömt unangenehmer Geruch. Die Nachbarschaft und die Hausverwaltung können dies nicht weiter untätig beobachten, da auch häufiger die Abläufe verstopfen und es wiederholt zu Wasserschäden in ihrer Wohnung kommt. Frau W. ist jedoch überzeugt, dass sie gesund sei, es ihr gut gehe und sie keine Hilfe benötige.

Ein Vorfall beendet schließlich diese Situation. Frau W. ist auf ihrem Sessel eingeschlafen, während auf dem eingeschalteten Herd eine Pfanne mit Öl stand. Eine Nachbarin konnte rechtzeitig die Feuerwehr alarmieren. Die Hausverwaltung meldet sich in der Folge bei der UBA und bittet um Abklärung vor Ort.

Eine medizinische und eine sozialarbeiterische Fachperson besuchen Frau W., die sich weiterhin vehement gegen Hilfe und eine mögliche Einweisung in eine stationäre Einrichtung wehrt. Frau W. will sich nicht kognitiv abklären lassen. Es zeigen sich bei ihr jedoch Wortfindungsstörungen und die Anamnese sowie die Verwahrlosung weisen auf eine demenzielle Entwicklung hin. Die Mitarbeitenden der UBA kontaktieren einen ambulanten Pflegedienst und den Sozialdienst der Gemeinde, damit die häusliche Betreuung weiterhin gewährleistet werden kann. Die Nachbarschaft wird über den Sachverhalt informiert.

Die Herausforderung der Fachpersonen besteht bei der Komplexität dieser Fälle darin, den betroffenen Personen den größtmöglichen Freiraum zu gewähren und dabei gleichzeitig ein schützendes Umfeld einzurichten, wobei es allenfalls sinnvoll sein kann, das soziale Nahumfeld für die Situation zu sensibilisieren. Im Gegensatz zu Fällen von Misshandlung und Vernachlässigung durch pflegende Angehörige zeigt sich bei diesem Konfliktmuster ein Schutzbedarf, weil die betroffene Person sich selbst vernachlässigt und sozial isoliert lebt. Insofern kann hier weder von Schädigungsintention noch von situativer oder situationsübergreifender Misshandlung gesprochen werden, die Geschehnisse lassen sich keiner der vier Grundformen der Misshandlung nach Görgen et al. (2012b, 27) zuordnen (▶ Tab. 5).

3.2.6 Handlungsautonomie und Schutzbedarf

Bei den Fällen, die dem Konfliktmuster »Handlungsautonomie und Schutzbedarf« zugeordnet werden, nehmen betroffene Personen selbst Kontakt mit der UBA auf und melden einen Diebstahl oder weitere unerklärliche Vorkommnisse, bei denen sie geschädigt wurden. In den meisten Fällen haben die betroffenen Personen entweder eine psychische Erkrankung oder eine demenzielle Entwicklung, was gemäß Storey (2018) und der WHO (2015) einer der größten Vulnerabilitätsfaktoren für Opfer ist (▶ Kap. 1.2.3). Die Fachpersonen sind hier insbesondere gefordert, mit dem Dilemma umzugehen, einerseits die Autonomie der Betroffenen zu respektieren und andererseits fürsorglich Hilfe einzurichten, notfalls auch gegen den Willen der betroffenen Person (Baumeister, Beck & Gehrig 2017b, 59–61).

Solche Fälle werden bei der UBA von Fachpersonen der Sozialen Arbeit, teilweise unter Einbezug einer pflegerischen oder medizinischen Fachperson übernommen. Häufig sind schon vor den Interventionen der UBA bereits weitere Fachpersonen wie z.B. die Polizei in den Fall involviert. Mehrheitlich werden zur Fallbearbeitung die hausärztliche Vertrauensperson, teilweise Verantwortliche aus der Wohnumgebung (Siedlungspflege bzw. Liegenschaftsverwaltung) und weitere soziale Institutionen beigezogen. Eine Beistandschaft (Deutschland rechtliche Betreuung) wird abgeklärt.

Fallbeispiel

Frau S. lebt allein in ihrer Wohnung in einem Mehrfamilienhaus, zwei Nachbarinnen haben Zugang zu ihrer Wohnung. Sie wird von einem ambulanten Pflegedienst betreut und äußert einer Pflegekraft gegenüber, dass sie schon mehrfach von zwei Nachbarinnen bestohlen wurde. Die Nachbarinnen weichen daraufhin Frau S. zunehmend aus und unterstellen ihr, dass sie Wahnvorstellungen habe. Frau S. geht seit diesen Vorfällen täglich zu einem nahegelegenen Bahnhof, wo sie ihre Wertsachen tagsüber einschließt.

Frau S. besucht die Geschäftsstelle der UBA (die unweit von ihrem Wohnort ist) und bittet eine Mitarbeiterin vor Ort um finanzielle Unterstützung, da sie die Schlösser an der Wohnungstür auswechseln müsse. Es sei wiederholt bei ihr eingebrochen worden. Da Frau S. sich bereits vor einiger Zeit mit demselben Anliegen bei der Geschäftsstelle meldete, wird die Mitarbeiterin der UBA hellhörig. Nähere Abklärungen seitens der UBA ergeben, dass schon ein ambulanter Pflegedienst, die Hausärztin und die Polizei in den Fall involviert sind. Neben vermittelnder Beratung der involvierten Parteien werden seitens der UBA keine weiteren Schritte unternommen.

Psychiatrische Krankheitsbilder gehören zu den anspruchsvollsten Fällen, da sie ethisch und juristisch nicht einfach fassbar sind. Sowohl die Herangehensweise als auch die Fallinterpretation können sich je nach Fachperson unterscheiden. Psychosoziale Fachpersonen zögern eher gegen den Willen einer betroffenen Person zu entscheiden. Medizinische Fachpersonen hingegen sehen die Ursache für den Konflikt mehrheitlich in einer psychischen oder demenziellen Erkrankung und können damit Willenseinschränkungen besser vertreten. Die Frage der Autonomie und der Verhältnismäßigkeit von einschränkenden Maßnahmen ist in diesem Zusammenhang häufig schwer zu beurteilen.

3.3 Herausforderungen für Fachpersonen

Fachpersonen aus dem Sozial- und Gesundheitswesen, die mit älteren Menschen und ihren Angehörigen im Kontakt sind, nehmen eine wichtige Rolle beim Umgang mit Misshandlung, Vernachlässigung und Selbstvernachlässigung im häuslichen Umfeld ein. Häufig wird jedoch Außenstehenden kein Einblick in von Gewalt und Vernachlässigung bedrohte familiäre Betreuungs- und Pflegearrangements gewährt, und auch wenn eine

Fachperson Zugang zum häuslichen Umfeld hat, kann dennoch eine verdeckte Gewaltproblematik übersehen werden.

Den in diesem Kapitel vorgestellten Konfliktmustern liegen unterschiedliche Bedingungen für die Konfliktentstehung zugrunde, die jeweils unterschiedliche Interventionen durch verschiedene Berufsgruppen und Organisationen notwendig machen. Hier zeigt es sich, wie wichtig die *interdisziplinäre und interinstitutionelle Zusammenarbeit* ist. Effektive Interventionen sollten von den mit der Thematik von häuslicher Gewalt befassten Institutionen gemeinsam geplant und abgesprochen werden, sodass die involvierten Fachpersonen aus den verschiedenen Bereichen ein koordiniertes Vorgehen verfolgen und vorhandene Synergien konstruktiv nutzen, um allen Betroffenen wirksam zu helfen (Greber 2010, 178 f.).

Gewalt in häuslichen Pflegebeziehungen betrifft soziale, rechtliche, psychologische und medizinische Aspekte und bezieht sich auf verschiedene Fachbereiche. Für die Mehrheit der Institutionen, die mit älteren Menschen im Kontakt sind, gehört es jedoch nicht zum Kerngeschäft, aktiv gegen häusliche Gewalt vorzugehen. Zudem sind die meisten Fachpersonen nicht auf den Umgang mit häuslicher Gewalt vorbereitet und geschult (ebd., 178), was auch aus dem Bericht des Deutschen Instituts für Menschenrechte (2017) hervorgeht. Gemäß diesem Bericht werden Hausärztinnen und -ärzte »selten bei Gewaltanzeichen tätig, obwohl sie oft als Einzige regelmäßig mit Älteren, insbesondere in der familialen Pflege, in Kontakt kommen«. Mitarbeitende der Medizinischen Dienste der Krankenkassen (MDK) hätten ebenfalls die Möglichkeit, bei Vorfällen einzugreifen, wenn sie bei der Ermittlung des Pflegegrades Anzeichen für Gewalt erkennen. Leider seien diese Mitarbeitenden diesbezüglich nicht geschult (DIMR 2017, 21).

Folglich besteht die größte Herausforderung in diesem Kontext darin, Fachpersonen, Behörden und politische Entscheidungsträger für die Thematik häusliche Gewalt und Vernachlässigung im Alter zu sensibilisieren und zu vernetzen, damit das große Dunkelfeld sichtbarer und für Betroffene der Zugang zu Beratungs- und Unterstützungsangeboten erleichtert wird (Feusi-Frei 2017, 87).

3.3 Herausforderungen für Fachpersonen

Auf den Punkt gebracht

Die Entstehungsgründe von Gewaltsituationen in Pflegebeziehungen sind vielfältig, individuell und meist von Vorzeichen begleitet, die zu einer Eskalation führen. Wie ausgeführt wurde, können herausfordernde Pflegesituationen bei Angehörigen von Gefühlen wie Wut, Frustration und Ärger begleitet sein, was zu aggressiven, häufig nicht intendierten Handlungen führen kann. Es ist daher wichtig, in diesem Kontext zu unterscheiden, ob bei der gewaltausübenden Person eine Schädigungsintention vorhanden ist oder nicht. Weiter gilt es der Frage nachzugehen, ob die Misshandlung an situative Bedingungen gekoppelt ist oder eine systematische, situationsübergreifende Misshandlung vorliegt.

Sechs unterschiedliche Konfliktmuster helfen dabei, die Genese verschiedener Konflikte und das komplexe Geschehen häuslicher Missstände besser zu verstehen und verschiedene Bedingungen der Konfliktentstehung einzuordnen sowie Möglichkeiten der Konfliktbearbeitung zu erkennen. Bei den Konfliktmustern »Intergenerative Verstrickung« sowie »Partnerschaft und demenzielle Entwicklung« zeigen sich gegenseitige strukturelle und/oder materielle sowie biografisch-soziale Abhängigkeiten. Typisch bei diesen Fällen ist, dass beide Parteien, trotz wiederholter starker Belastungen oder Missstände, kaum in der Lage sind, die Situation zu ändern und aktiv Hilfe zu holen. Wenn die am Konflikt beteiligten Personen ein geschlossenes System bilden, bleiben diese Situationen meist lange verborgen und gelangen erst aufgrund des prekären Gesundheitszustands der betreuten Person an Dritte, wenn bereits dringender Handlungsbedarf besteht.

Finanzielle Interessen sind u. a. als Gründe zur Konfliktentstehung bei den Konfliktmustern »Soziale Nähe und finanzielle Ausnutzung« sowie »Geschwisterkonflikt um Betreuungsleistung und Finanzierung« zu erkennen. Bei diesen Mustern wenden sich diejenigen Personen, die sich finanziell benachteiligt fühlen, direkt oder indirekt hilfesuchend an eine Institution oder Behörde. Im Gegensatz zu Fällen von Misshandlung und Vernachlässigung durch pflegende Angehörige zeigt sich beim Konfliktmuster »Soziale Isolation und nachbarschaftliches Umfeld« ein

Schutzbedarf, weil die betroffene Person sich selbst vernachlässigt und sozial isoliert lebt. Aus Gründen mitmenschlicher Sorge oder auch durch Anstoß am auffälligen Verhalten der betroffenen Person holen Personen aus dem nachbarschaftlichen Umfeld Hilfe.

Auch wenn beim Konfliktmuster »Handlungsautonomie und Schutzbedarf« mehrheitlich finanzielle Gründe für die Beschwerde vorgebracht werden, liegt diesem Muster eine psychische Erkrankung der betroffenen Person zugrunde. Neben der Achtung der Autonomie bestehen hier die Herausforderungen für Fachpersonen darin, fürsorgliche Hilfe auch gegen den Willen der betroffenen Person einzurichten. I. d. R. sind verschiedene Fachpersonen, Fachstellen und Behörden in entsprechende Abklärungen involviert. Die Komplexität dieser Fälle zeigt sich auch darin, dass unterschiedliche Hilfemaßnahmen einzuleiten sind.

Reflexionsfragen

- Nach welchen Merkmalen lassen sich vier Grundformen der Misshandlung an Pflegebedürftigen unterscheiden?
- Wie kann das komplexe Geschehen von Misshandlung und (Selbst-)Vernachlässigung bei pflegebedürftigen älteren Menschen mit verschiedenen Konfliktmustern charakterisiert werden?

Weiterführende Literatur

Baumeister, Barbara, Gehrig, Milena, Beck, Trudi & Gabriel, Thomas (2015): Schutz in der häuslichen Betreuung alter Menschen: Genese von Misshandlungssituationen in der häuslichen Betreuung alter Menschen und Analyse von Strategien im Umgang mit Gewalt im häuslichen Umfeld. Zürich: ZHAW.

Görgen, Thomas, Herbst, Sandra, Kotlenga, Sandra, Nägele, Barbara & Rabold, Susann (2012b): Kriminalitäts- und Gewalterfahrung im Leben älterer Menschen. Zusammenfassung wesentlicher Ergebnisse einer Studie zu Gefährdungen älterer und pflegebedürftiger Menschen. Berlin: BMFSFJ.

4 Prävention, Früherkennung und Intervention

☞ Überblick

Maßnahmen der Prävention setzen bei den Ursachen und Risiken an, die zu Missständen in der häuslichen Betreuung führen, mit dem Ziel, diese zu minimieren. Dabei richten sich Präventionsansätze an unterschiedliche Zielgruppen (Allgemeinbevölkerung, gewaltbetroffene oder gewaltausübende Personen, pflegende Angehörige, Fachpersonen, Institutionen) und können auf unterschiedlichen Präventionsebenen (primären, sekundären und tertiären) stattfinden.

Sozialarbeitende leisten einen maßgeblichen Beitrag zur Bearbeitung sozialer Problemlagen. Je nach Handlungsfeld unterscheiden sich die Möglichkeiten von Sozialarbeitenden, im Hinblick auf Misshandlung und Vernachlässigung in häuslichen Pflegebeziehungen präventiv zu agieren, Missstände frühzeitig wahrzunehmen respektive im Falle von Gewaltsituationen zu intervenieren.

Im folgenden Kapitel werden zunächst relevante *Handlungsfelder der Sozialen Arbeit* benannt, in denen Präventionsaspekte im Bereich häuslicher Betreuung alter Menschen am deutlichsten zum Tragen kommen (▶ Kap. 4.1). Neben der Informationsvermittlung und Sensibilisierung der gesamten Bevölkerung und insbesondere älterer Menschen und pflegender Angehöriger setzen Sozialarbeitende im Rahmen ihrer Tätigkeit bei verschiedenen Risikofaktoren an, um bspw. soziale Isolation zu verhindern, Menschen mit einer Migrationsgeschichte zu erreichen und ihnen den Zugang zu Unterstützungsstrukturen zu sichern. Im Rahmen der Sozialberatung werden ältere Menschen und ihre Angehörigen dabei unterstützt, Vorsorgeregelungen einzurichten und, wenn notwendig, rechtzeitig Unterstützungsangebote in Anspruch zu nehmen (▶ Kap. 4.2). Weiter werden in diesem Kapitel Merkmale der Früherkennung (▶ Kap. 4.3) und Möglichkeiten für Sozialarbeitende dargestellt, bei Verdacht auf Misshandlung und (Selbst-)Vernachlässigung zu intervenieren (▶ Kap. 4.4).

4.1 Soziale Arbeit und Prävention

Bei der Versorgung von hilfe- und pflegebedürftigen Menschen kommt wirksamen Ansätzen zur Gewaltprävention eine wichtige Rolle zu (Suhr 2015, 25). Dabei geht es um Ansatzpunkte, die die Bedingungen, die zu Gewalt führen, beeinflussen und dazu beitragen, letztere zu verhindern (Hirsch 2010, 145). Es gibt eine Reihe von bekannten Risiken, die zu Missständen in der häuslichen Betreuung führen können (▶ Kap. 1.2.3), insofern haben Gewalthandlungen auch viele »Vorboten« (Hirsch 2010, 145).

Wesentliche Ansprechpersonen für ältere Menschen und deren Angehörige, für Organisationen der Altenhilfe und für politische Entscheidungsträgerinnen und -träger sind gemäß der Österreichischen Gesellschaft für Soziale Arbeit (ogsa 2018, 3) die Sozialarbeitenden. Sozialarbeitende stellen mit Bezug auf den lebensweltlichen und biografischen Kontext von Menschen Hilfen zur Lebensbewältigung bereit. Sie können einen maßgeblichen Beitrag zur Bearbeitung von praktischen und sozialen Problemlagen leisten und präventiv zu deren Vermeidung beitragen (ogsa 2018, 3). Sozialarbeitende initiieren und unterstützen sozialpolitische Interventionen und beteiligen sich an der Gestaltung der Lebensumfelder sowie an der Lösung struktureller Probleme (AvenirSocial 2010). Folglich agieren Sozialarbeitende auf allen vier Ebenen, die die WHO (2002) zur Entstehung von Gewalt identifiziert hat: individuelle Ebene, Beziehungsebene, Gemeinschaftsebene und gesellschaftliche Ebene (Ökologisches Modell der WHO 2002, ▶ Kap. 1.2.1). Im Positionspapier der Arbeitsgemeinschaft »Altern und Soziale Arbeit« der ogsa wird der Problembereich häusliche Gewalt explizit als Interventionsbereich für Sozialarbeitende aufgeführt.

> **Soziale Arbeit und häusliche Gewalt im Alter**
>
> Soziale Arbeit mit älteren Menschen agiert durch existenzsichernde Maßnahmen bei Altersarmut, prekären Wohnsituationen und häuslicher Gewalt. Sie unterstützt beim Zugang zu verständlicher Information und bei der Anspruchsklärung in Bezug auf Sozialleistungen, sozialrechtliche Fragestellungen, Wissen über Vorsorgemöglichkeiten und die Überblickbarkeit von Hilfsangeboten im Alter (ogsa 2018, 8).

Je nach Handlungsfeld unterscheiden sich die Möglichkeiten von Sozialarbeitenden, im Hinblick auf Misshandlung im häuslichen Bereich präventiv zu agieren, Missstände frühzeitig wahrzunehmen respektive im Falle von Gewaltsituationen zu intervenieren. Mitarbeitende in ambulanten Pflegediensten sind mitunter am ehesten mit Situationen konfrontiert, die auf Gewalt und Missstände hinweisen, da sie häufig die einzigen Fachpersonen sind, die in das häusliche Setting und damit in die Privatsphäre direkten Einblick nehmen können. Sozialarbeitende haben demgegenüber schon früher die Möglichkeit, im Rahmen der offenen Altenarbeit präventiv gegen Missstände zu agieren, in Beratungszentren ältere Menschen im Hinblick auf Risiken zu sensibilisieren oder in der klinischen Sozialarbeit Merkmale von Missständen zu erkennen und entsprechende Interventionen einzuleiten.

Auch wenn Missbrauch im beruflichen Alltag von Sozialarbeitenden nicht täglich vorkommt, ist es dennoch wichtig, das Bewusstsein für Missbrauch und Vernachlässigung im Alter zu schärfen, da solche Fälle immer wieder auftreten können und werden. Institutionen der Sozialen Arbeit können den Mitarbeitenden den nötigen fachlichen Rückhalt geben, indem sie im Rahmen eines Leitfadens oder eines Konzepts Antworten auf folgende Fragen finden (auf die auch in Kapitel 4.3 und 4.4 näher eingegangen wird, ▶ Kap. 4.3; ▶ Kap. 4.4) (Dohner 2010, 120):

4 Prävention, Früherkennung und Intervention

> **Leitfragen für die Soziale Arbeit**
>
> - Wie kann ich Gewalt erkennen?
> - Welche Fragen können in einem Gespräch hilfreich sein, um Gewalt zu erkennen?
> - Welche Handlungsmöglichkeiten gibt es bei Verdacht?
> - Was ist der institutionelle Auftrag?
> - Wo sind die Grenzen der Zuständigkeit?
> - Wer kann zur Beratung und Unterstützung beigezogen werden?

Dies setzt voraus, dass die Mitarbeitenden in den jeweiligen Institutionen wissen, welche anderen Institutionen und Fachstellen in ihrer Region im Kontext von Misshandlung und Vernachlässigung in Pflegebeziehungen zuständig sind. Prävention bedarf der Kooperation unterschiedlicher Professionen und Institutionen und ist keine exklusive Aufgabe einer Berufsgruppe. Diesbezüglich bekommen vernetzte, professions- und institutionsübergreifende Maßnahmen eine wichtige Bedeutung. In den Aufgabenbereichen Sozialer Arbeit mit älteren Menschen zeigen sich beispielhaft folgende Präventionsaspekte, wobei diese nicht ausschließlich für den jeweiligen Aufgabenbereich gelten, jedoch in den benannten Handlungsfeldern am deutlichsten zum Tragen kommen (▶ Tab. 6).

Tab. 6: Handlungsfelder der Sozialen Arbeit im Kontext von Prävention

Handlungsfeld der Sozialen Arbeit	Präventionsaspekt
Offene Altenarbeit im Quartier mit Zielsetzung Förderung von Engagement und Bürgerbeteiligung, Gestaltung förderlicher Lebenswelten, Förderung von Vernetzung unter den Quartierbewohner*innen	Soziale Isolation verhindern
Beratungszentren mit Auftrag zur Vermittlung, Koordination und Vernetzung zu Themen wie Wohnen, Finanzen, Betreuung und Pflege im Alter	Selbstbestimmtes Altern unterstützen

Tab. 6: Handlungsfelder der Sozialen Arbeit im Kontext von Prävention – Fortsetzung

Handlungsfeld der Sozialen Arbeit	Präventionsaspekt
Spezialisierte Beratungs- und Unterstützungsangebote für bestimmte Zielgruppen, bspw. für Menschen mit Demenz oder weiteren gerontopsychiatrischen Erkrankungen und ihre Angehörigen	Betreuungskompetenz der Angehörigen stärken, Hilfeangebote vermitteln
Gesetzliche Vertretung bei eingeschränkter oder fehlender Geschäftsfähigkeit	Willen der bevollmächtigen Person bestmöglich berücksichtigen, Selbstbestimmung ermöglichen sowie Unsicherheit reduzieren, was Konfliktsituationen in Beziehungen vorbeugt
Klinische Sozialarbeit in Spitälern, Rehabilitationskliniken, geriatrischen und psychiatrischen Kliniken	Anzeichen von Gewalt erkennen und intervenieren
Alternative Wohnformen wie Betreutes Wohnen, Wohnen in Alterssiedlungen, begleitet durch Siedlungsassistenz	Gute Betreuung und Pflege sichern
Teilstationäre Einrichtungen, Tageszentren	Pflegende Angehörige unterstützen und entlasten

Eigene Darstellung in Anlehnung an ogsa 2018, 15

Je nach Land bzw. Bundesland (in der Schweiz Kanton) sind die Angebote der Sozialen Arbeit jedoch (noch) kein integrierter, gesetzlich abgesicherter Bestandteil der staatlichen Betreuungs- und Versorgungssysteme für alte Menschen (ogsa 2018, 15), dies gilt für Deutschland, die Schweiz und Österreich.

4.2 Präventionsmaßnahmen für Betreuende und Betreute

Maßnahmen der Prävention lassen sich, wie oben erwähnt, nach verschiedenen Kriterien gruppieren (Krüger et al. 2020, 47). Als Primärprävention gelten u. a. Maßnahmen zur Sensibilisierung der gesamten Bevölkerung sowie Informationsvermittlung und Beratung ausgewählter Zielgruppen wie pflegende Angehörige und ältere Menschen (Bundesrat 2020, 24 f.; Görgen et al. 2012a, 7) (siehe dazu Kap. 4.2.1 bis 4.2.4). Ansätze der Sekundärprävention adressieren Personen, die von Gewalt betroffen sind, oder Personen, die Gewalt anwenden, und beinhalten Hilfeangebote für diese Zielgruppen. Hierunter zählen Ansätze, die sich auf die unmittelbare Reaktion auf Gewalt beziehen wie bspw. Deeskalation, soziale Unterstützung, Opferschutz und medizinische Behandlung (Hirsch, 2010, 146) (▶ Kap. 4.3; ▶ Kap. 4.4). Tertiärprävention bezieht sich auf die nachgehende Langzeitbetreuung von Gewaltopfern wie bspw. kontinuierliche Beratung und Psychotherapie (Hirsch 2010, 146), was nicht mehr Gegenstand dieses Buches ist.

4.2.1 Informationsvermittlung: Sensibilisieren

Bewusstseinsbildende Maßnahmen sind je nach Zielgruppe zu differenzieren zwischen Personen, die sich beruflich mit alten Menschen in Pflegebeziehungen befassen, und solchen, die sich an die alten Menschen selbst bzw. an ihre Angehörigen oder freiwillige Helfer*innen richten (bmask.gv.at 2012, 27). Allgemein ist jedoch festzustellen, dass Informations- und Wahrnehmungsdefizite in Bezug auf das Erkennen von Gewalt in häuslichen Pflegebeziehungen und den Umgang mit Misshandlungssituationen bestehen (ebd.).

In Deutschland bietet das Zentrum für Qualität in der Pflege (ZQP) wichtige Beiträge zur Aufklärung und Sensibilisierung zum Thema Gewalt in der Pflege. Zur Unterstützung für Rat- und Hilfesuchende hat das ZQP ein Internetportal zur Gewaltprävention in der Pflege eingerichtet (www.pflege-gewalt.de). Auf dieser Plattform werden für Fachpersonen und alle weiteren Personen, die an der Betreuung und Pflege beteiligt sind, zielgruppenspezifische Informationen zur Verfügung gestellt. Zu finden sind auch Handlungsempfehlungen zum Umgang mit herausfordernden Pflegesituationen. Weiter finden sich bspw. Tipps, wie Krisensituationen erkannt werden und wie sie sich möglichst vermeiden lassen oder wie Menschen ihr Aggressionspotenzial identifizieren und vermindern können (Suhr 2015, 25). Ratsuchende finden auch eine Übersicht zu bestehenden Unterstützungsmöglichkeiten und telefonischen Beratungs- und Notfalldiensten in Deutschland.

4.2.2 Soziale Isolation verhindern

Es hat sich sowohl bei den Vulnerabilitätsfaktoren für Opfer (▶ Kap. 1.2.1) als auch bei verschiedenen Beziehungsqualitäten (▶ Kap. 2.5) und Konfliktmustern (▶ Kap. 3.2) gezeigt, dass bei fehlenden Beziehungen und geschlossenen Betreuungssystemen das Risiko für Missstände in der häuslichen Betreuung und Pflege alter Menschen erhöht ist. Soziale Vernetzung ist in dem Sinne ein protektiver Faktor gegen Missbrauchssituationen und trägt zudem dazu bei, dass Gewaltsituationen früher entdeckt werden und entsprechend erfolgreich interveniert werden kann. Gemäß dem Bundesministerium für Familie, Senioren, Frauen und Jugend (BMFSFJ) sind insbesondere Alleinlebende, pflegende Angehörige sowie Menschen mit Migrationshintergrund, eingeschränkter Mobilität, gesundheitlichen Problemen, niedriger Bildung oder geringen finanziellen Möglichkeiten einem erhöhten Risiko ausgesetzt von Einsamkeit betroffen zu sein (BMFSFJ 2022). Insbesondere bei über 80-Jährigen besteht ein deutlich höheres Risiko, wenn andere Problemlagen dazukommen, die Einsamkeit und soziale Isolation begünstigen oder auslösen können (ebd.).

Obwohl es zahlreiche Angebote zur sozialen Teilhabe für ältere Menschen mit dem Potenzial gibt, Einsamkeit entgegenzuwirken, erreichen diese Angebote häufig nicht diejenigen Menschen, die am meisten von präventiven Angeboten profitieren würden. Für die Soziale Arbeit ergibt sich daraus folgende zentrale Frage: Wie können Angebote der Sozialen Arbeit »für Menschen in prekären Lebenslagen passgenau gestaltet werden«? Klein, Merkle und Molter (2021) sind im Rahmen eines Praxisforschungsprojekts dieser Frage nachgegangen und haben dabei den Fokus auf »schwierige Zugänge« respektive auf mangelnde Passgenauigkeit der Angebote für Zielgruppen in prekären Lebenslagen gesetzt, mit dem Ziel, den Ursachen nachzugehen, relevante Angebote und Zielgruppen auszumachen und für die Öffnung von Zugängen geeignete Ansätze und Maßnahmen zu ermitteln. Als Barrieren im Zugang zur Nutzung von Angeboten sehen Klein, Merkle und Molter (2021, 22 f.) die folgenden.

Barrieren im Zugang zur Nutzung von Angeboten

- schlechte Erreichbarkeit (fehlende öffentliche Verkehrsmittel)
- keine barrierefreien Zugänge zum Veranstaltungsort und innerhalb der Einrichtung
- ländlicher Raum mit wenig Angeboten für spezifische Gruppen
- finanzielle Barrieren
- unpassende Öffnungs- oder Kurszeiten sowie fehlende Kontinuität der Angebote
- unübersichtliche Strukturen und Zuständigkeiten
- geringe Milieusensitivität
- schlechte Reputation der Anbietenden

Um alte Menschen zu erreichen, insbesondere wenn sie isoliert leben und ihre sozialen Unterstützungsnetzwerke unzureichend sind, sehen Klein, Merkle und Molter (2021, 48) aufsuchende, präventive Maßnahmen als unerlässlich. Eine *zugehende* Altensozialarbeit, bei der auch Beratung als niederschwellige Angebotsform eine wichtige Rolle spielt, sollte folglich im Stadtteil bzw. in der Gemeinde institutionell verankert und vernetzt sein. Klein, Merkle und Molter (ebd., 4) halten zudem fest, dass Personen mit Migrationshintergrund in besonderer Weise von sozialen Benachteiligungen und einem hohen Armutsrisiko gekennzeichnet sind. Zahlreiche Studien zeigen, dass Personen mit Migrationsgeschichte über weniger Einkommen im Alter verfügen als Menschen ohne Migrationsgeschichte, es aber große Unterschiede zwischen Migrant*innen aus unterschiedlichen Herkunftsländern und Milieus gibt. Weiter führen eingeschränkte bis fehlende Kenntnisse der deutschen Sprache – in Kombination mit fehlenden Angeboten in der jeweiligen Herkunftssprache – und daraus resultierende Informationsdefizite zu Zugangsbarrieren für die Inanspruchnahme von Leistungen oder Angeboten. Häufig bestehen demnach Hemmungen oder Unsicherheiten im Kontakt mit den Unterstützungsstrukturen von staatlicher Seite.

Im Rahmen eines Schweizer Projekts zum Thema »Ältere Migrantinnen und Migranten am Wohnort erreichen (Vicino)« (Johner-Kobi & Gehrig 2018, 807–812) wurde mit drei partizipativ angelegten Interventionen nach Erfolgs- und Misserfolgsfaktoren beim Zugang zur älteren Migrationsbevölkerung gesucht. Die Ergebnisse zeigen, dass nationalitäten- und sprachspezifische Netzwerke für einen Großteil der älteren Migrant*innen einen hohen Stellenwert und Einfluss auf die Nutzung von lokalen Netzwerken und Angeboten haben. Die beiden Autorinnen empfehlen Institutionen der Altenarbeit, die mit Organisationen der Migrationsbevölkerung zusammenarbeiten möchten, partizipative Ansätze, bei denen die älteren Migrant*innen über Schlüsselpersonen und zugehende Ansätze von Beginn an einbezogen werden (ebd., 809).

4.2.3 Beratung von älteren Menschen

Um ein selbstbestimmtes Leben auch bei Hilfe- und Pflegebedarf führen zu können, müssen ältere Menschen über verschiedene Vorsorgemöglichkeiten und Hilfeangebote für die individuell passende Unterstützung informiert sein. Eine umfassende Beratung und Unterstützung von betreuungsbedürftigen Menschen und ihren Angehörigen ist deswegen ein wichtiges Potenzial zur Prävention häuslicher Gewalt und Stärkung häuslicher Pflegearrangements.

Selbstbestimmtes Altern: vorsorgliche Willensbekundung

Eines der wichtigsten psychologischen Grundbedürfnisse von Menschen, das für die psychische Gesundheit bedeutsam ist, ist die Selbstbestimmung (Deci & Ryan 2008).

4 Prävention, Früherkennung und Intervention

> **Selbstbestimmung**
>
> Selbstbestimmung bezeichnet die Freiheit, über das eigene Leben selbst zu bestimmen, dies auch am Lebensende.

Damit Personen mit zunehmendem Alter und zunehmender Krankheit die Sicherheit haben, dass niemand über ihren Kopf hinweg entscheidet, kann ihnen eine Vorsorgevollmacht Sicherheit geben. Für Sozialarbeitende ist es daher wichtig, die verschiedenen Formen und Möglichkeiten der Willensbekundung zu kennen, um ältere Menschen und ihre Angehörigen vorsorglich zu beraten und sie beim Erstellen solcher Vollmachten fachkundig zu unterstützen.

Mit einer Vorsorgevollmacht wird eine Vertrauensperson für bestimmte Bereiche (wie gesundheitliche oder finanzielle Angelegenheiten) bevollmächtigt, sollte die vollmachtgebende Person selbst nicht mehr in der Lage sein, für diese Bereiche Entscheidungen zu treffen. Mit einer Patientenverfügung wird dem gewünschten Willen für medizinische Behandlungen entsprochen, sollte die Person nicht mehr geschäftsfähig oder ansprechbar sein (Gerken & Zippel 2011, 462). Es ist deswegen besonders wichtig, dass die vollmachtgebende Person besonders hohes Vertrauen in die bevollmächtige Person hat, da diese ihren Willen vertreten wird. Da Angehörige nicht automatisch die gesetzliche Vertretung für einen solchen Fall sind, empfiehlt es sich, dies frühzeitig einzurichten, zu einem Zeitpunkt, zu dem die Person noch in der Lage ist, ihre Angelegenheiten selbständig zu regeln (Gerken & Zippel 2009, 462). Bei den Situationsbeispielen zu den Konfliktmustern in Kapitel 3.2 wird ersichtlich, dass auch fehlende Vorsorgeregelungen zu einem Konflikt beitragen können, dies insbesondere beim Konfliktmuster »Geschwisterkonflikt um Betreuungsleistung und Finanzierung« (▶ Kap. 3.2.3) sowie beim Konfliktmuster »Soziale Nähe und finanzielle Ausnutzung« (▶ Kap. 3.2.4).

Im Alter zu Hause verbleiben: individuell passende Unterstützung

Viele ältere Menschen wünschen sich, trotz gesundheitlicher Einschränkungen in der gewohnten Umgebung verbleiben zu können. Ein Großteil der älteren betreuungsbedürftigen Personen lebt in den deutschsprachigen Ländern allein, Tendenz steigend. Gleichzeitig wird zukünftig die Zahl der Angehörigen, die informelle Betreuung und Pflege leisten, rückläufig sein (Nowossadeck, Engstler & Klaus 2016, 3). Damit dem Wunsch, »möglichst lange zu Hause zu verbleiben«, entsprochen werden kann, werden Hilfeleistungen notwendig.

Häufig sind ältere Menschen und ihre Angehörigen mit der Vielfalt und fehlenden Transparenz der Angebote überfordert. Um die für sie zugeschnittene Unterstützung zu erhalten, benötigen sie Beratung bei der Auswahl der Organisationen, der Finanzierung und der Koordination für bedarfsgerechte Hilfen (Schulz & Kunisch 2009, 301). Deswegen ist es wichtig, dass Sozialarbeitende die in der Region zur Verfügung stehenden Angebote kennen. In Tabelle 7 wird ein allgemeiner Überblick über die wichtigsten Unterstützungs- und Entlastungsangebote für die häusliche Betreuung alter Menschen gegeben (▶ Tab. 7). Hierbei ist zu beachten, dass i.d.R. die Angebotsdichte in Städten größer ist, einzelne Angebote vor allem in ländlichen Regionen unter Umständen nicht verfügbar oder schwer erreichbar sind (Wilz & Pfeiffer 2019, 49–51).

Tab. 7: Unterstützungsangebote für die häusliche Betreuung alter Menschen

Mahlzeitendienst	Täglich frisch zubereitete Mahlzeiten werden angeliefert
Haushalthilfe	Hilfe im Haushalt oder bei der Essenszubereitung und Begleitung z. B. bei Arztbesuchen
Nachbarschaftshilfe	Z. B. für Einkaufshilfe, Hausarbeiten, Spaziergänge
Besuchsdienste	Freiwillige von Besuchsdiensten übernehmen i.d.R. keine pflegerischen oder hauswirtschaftlichen Tätigkeiten, leisten jedoch der pflegebedürftigen Person einmal oder mehrmals die Woche Gesellschaft

Tab. 7: Unterstützungsangebote für die häusliche Betreuung alter Menschen
– Fortsetzung

Notrufsysteme	Verschiedene Anbieter mit unterschiedlichen Servicepaketen bieten elektronische Meldesysteme, mit denen per Knopfdruck Hilfe geholt werden kann
Wohnberatung, Wohnanpassungen	Barrierefreie Duschen, Sicherheitsvorrichtungen z. B. für Ofen und Herd
Ambulante Pflegedienste	Übernahme von pflegerischen Aufgaben, insbesondere bei den Aktivitäten des täglichen Lebens (ADL)
Hilfsmittel für Pflege und Alltag	Z. B. Pflegebett, Toilettenstuhl, Wanneneinstieghilfen, Lupen, Greif- und Anziehhilfen etc.

Eigene Darstellung

Die Kosten für die oben aufgeführten Unterstützungs- und Entlastungsangebote werden in einem gesetzlich definierten Umfang jeweils von Kranken- und/oder Pflegeversicherungen übernommen. Da die sozialrechtlichen Details in den verschiedenen Ländern den Rahmen dieses Buches sprengen würden und sich diese kontinuierlich verändern, wird hier nicht detailliert darauf eingegangen.

4.2.4 Beratung von betreuenden und pflegenden Angehörigen

Fachpersonen der Sozialen Arbeit und der Pflege stehen in vielfältigem Austausch mit Angehörigen und können Angehörige frühzeitig und bedarfsgerecht unterstützen. Dieses Potenzial gilt es noch stärker zu nutzen (BAG 2020, 3). Im Rahmen eines Förderprogramms zu Entlastungsangeboten für betreuende Angehörige in der Schweiz (2017–2020) haben diverse praxisnahe Forschungsarbeiten die Bedürfnisse der Angehörigen nach Unterstützung und Entlastung sowie nach der Zusammenarbeit zwischen Angehörigen und Fachpersonen aus dem Gesundheits- und Sozialwesen untersucht. Diese Ergebnisse zeigen,

- dass Fachpersonen der Pflege und der Sozialen Arbeit für die Unterstützung betreuender Angehöriger sehr wichtige Ansprechpersonen sind, die Angehörige im Betreuungsalltag kennen und denen diese vertrauen, und
- dass Angehörige sich wünschen, als kompetente Partner*innen in der Versorgung wahrgenommen zu werden (ebd.).

Sozialarbeiterische Beratung und Begleitung von pflegenden Angehörigen zur Orientierung und Entscheidungsfindung in Bezug auf entlastende Hilfemöglichkeiten und zur Vorbeugung von sozialer Isolation, dies insbesondere bei langer Pflegephase, sind bedeutsam (ogsa 2018, 13). Es ist bekannt, dass solche Situationen, in denen oft eine gewisse Ausweglosigkeit und Überforderung erlebt wird, große Gefahren bergen, sei es hinsichtlich der Entwicklung von Depressionen oder Suchtverhalten oder auch des Risikos von Aggressionen (bmsk.gv.at 2012, 31).

Angehörige erbringen i.d.R. enorme Pflegeleistungen und werden häufig im sozialen Umfeld dafür zu wenig gewürdigt (Wilz & Pfeiffer 2019, 28). Wie bereits mit der abgrenzenden Beziehungsqualität (▶ Kap. 2.5.3) aufgezeigt wurde, erhoffen sich pflegende Angehörige mitunter Anerkennung von der gepflegten Person, die sie in ihrer früheren gemeinsamen Biografie vermisst haben. Oftmals ist es den gepflegten Angehörigen jedoch krankheitsbedingt nicht mehr möglich, Wertschätzung für die geleistete Hilfe zu zeigen. Eine solche Erwartungshaltung kann zu Konflikten und Enttäuschungen führen, was in der Beratungssituation angesprochen und bearbeitet werden kann. Auch ein überhöhtes Pflichtgefühl und sehr hohe Qualitätsansprüche, wie es sich bei der pflichterfüllenden Beziehungsqualität (▶ Kap. 2.5.2) zeigt, bieten Ansatzpunkte für die Beratung von pflegenden Angehörigen. Neben der Anerkennung für die geleistete Arbeit ist es wichtig, Angehörigen Wege zu mehr Gelassenheit sowie zur Selbstfürsorge in der Betreuung und Pflege aufzuzeigen (ebd., 28f.). Die häusliche Pflegesituation ist i.d.R. ein dynamischer, häufig unvorhersehbarer Prozess, bei dem es immer wieder zu neuen Krisen kommt, die bewältigt werden müssen. Die Phase, in der sich betreuende Angehörige in ihrem Engagement befinden, beeinflusst ihr Erleben maßgeblich (BAG 2020, 9).

Die Übernahme von Betreuungs- und Pflegeaufgaben durch Angehörige kann allmählich oder plötzlich erfolgen, sei es durch einen Unfall bedingt oder durch die Diagnose einer schweren Erkrankung. Sie kann in einem bereits bestehenden Betreuungssetting geschehen oder den Beginn eines neuen Pflegeverhältnisses bedeuten. Der Einstieg löst ähnliche Prozesse aus wie eine Krise oder ein Notfall. Mit der Pflegeübernahme sind Angehörige gefordert, ihre Situation neu einzuschätzen, was von Unsicherheiten, Suchaktivitäten und Veränderungen begleitet wird. Diese Phase kann durch weitere Faktoren wie die Art der Einschränkung der zu betreuenden Person und die Beziehung zwischen Betreuenden und Betreuten (▶ Kap. 2.5) beeinflusst werden. Weitere Faktoren, die Einfluss auf das Erleben der Angehörigen haben, sind der Umfang und die Intensität der Betreuung sowie die gesundheitliche, familiäre, berufliche und finanzielle Situation der Angehörigen (▶ Kap. 2.2).

Die persönliche Wahrnehmung der betreuenden Angehörigen wird auch dadurch beeinflusst, in welchem Verhältnis Belastungen und Ressourcen stehen. Besteht diesbezüglich ein Ungleichgewicht, das heißt, sind die Belastungen größer als die vorhandenen Ressourcen, kann dies langfristig zu einer Überforderung führen. Wie in Kapitel 1.3.2 ausgeführt, steht eine Überlastung bzw. Überforderung in einem ursächlichen Zusammenhang mit Misshandlung bzw. Vernachlässigung (▶ Kap. 1.3.2). Spätestens hier sollten Angehörige externe Unterstützung in Anspruch nehmen.

Inanspruchnahme von Hilfe

Häusliche Betreuung und Pflege sind ohne weitere Unterstützung langfristig kaum aufrechtzuerhalten. Häufig werden Hilfeangebote jedoch nicht in Anspruch genommen, weil entweder die Leistungen nicht bekannt sind oder weil, wie bereits erwähnt, sehr hohe Qualitätsansprüche oder ein überhöhtes Pflichtgefühl der betreuenden Person dies verhindern. Deswegen ist es besonders wichtig, dass Angehörige konkrete Informationen zu Entlastungsangeboten erhalten und mögliche Widerstände der Inanspruchnahme abgebaut werden können (Wilz & Pfeiffer 2019, 47). Wilz et al. (2015, 121) bieten zur Exploration der aktuell vorhandenen respektive notwendigen Unterstützung hilfreiche Einstiegsfragen (zit. in Wilz & Pfeiffer 2019, 47).

> **Fragen an Angehörige zum Unterstützungsbedarf**
>
> - Die Betreuung kostet viel Kraft. Wer unterstützt Sie dabei?
> - Sie leisten sehr viel. Wenn Sie einmal Unterstützung brauchen: Wer gibt Ihnen diese und wie wird Ihnen geholfen?
> - Mit welchen professionellen Unterstützungsangeboten haben Sie bereits Erfahrungen gesammelt?
> - Was wünschen Sie sich in Ihrer Situation an Unterstützung?
> - Stellen Sie sich vor, es gäbe das perfekte Entlastungsangebot für Sie: Wie würde dieses aussehen?

Wird im Gespräch deutlich, dass keine angemessene Unterstützung vorliegt, die Belastung für die pflegende Person jedoch sehr groß ist, sollten die Ursachen für die Nichtinanspruchnahme eruiert werden. Fachpersonen der Sozialen Arbeit können hier unterstützend im Gespräch mit den Angehörigen Vor- und Nachteile professioneller Hilfe ansprechen. Wilz et al. (2015, 123) bieten auch hierfür Beispielfragen zur Erfassung von Vor- und Nachteilen (zit. nach Wilz & Pfeiffer 2019, 48).

> **Fragen an Angehörige zu professioneller Unterstützung**
>
> - Welche Vorteile hat es, dass Ihr*e Angehörige*r nur von Ihnen betreut wird?
> - Welche negativen Konsequenzen hat es, dass Sie allein betreuen und pflegen?
> - Was spricht dafür, ein Hilfeangebot in Anspruch zu nehmen?
> - Welche ungünstigen oder negativen Konsequenzen hätte es, wenn Sie eine Hilfe in Anspruch nehmen würden?

Gründe für die Nichtinanspruchnahme von Hilfeangeboten können sehr unterschiedlich sein. Z. B. wird fremde Hilfe von der betreuungsbedürftigen Person nicht akzeptiert oder organisatorische, materielle Gegebenheiten hindern Angehörige daran. Der Grund kann auch in fehlenden Informationen über Möglichkeiten und Rechte der Inanspruchnahme von Hilfe liegen. Einige Angehörige schrecken davor zurück, Fremden Einblick in ihre Privatsphäre zu geben. Schlechte Erfahrungen mit Unterstützungsleistungen können ein weiterer Grund für eine ablehnende Haltung sein (Wilz & Pfeiffer 2019, 48).

In Tabelle 8 wird ein allgemeiner Überblick über die wichtigsten externen Entlastungsangebote gegeben (▶ Tab. 8) (Wilz & Pfeiffer, 2019, 50 f.; Angebote für Unterstützung zu Hause: ▶ Kap. 4.2.3).

Tab. 8: Externe Unterstützungsangebote für die häusliche Betreuung alter Menschen

Externe Unterstützung	
Tagesbetreuung/Tages- und Nachtbetreuung	Tageweise Betreuung i.d.R. in entsprechenden Einrichtungen. So ist die tägliche Betreuung von älteren Menschen auch dann sichergestellt, wenn die Angehörigen beruflich oder privat eingespannt sind.
Kurzzeitpflege	Bei zeitweise erhöhtem Pflegeaufwand oder Urlaub für Angehörige kann die Kurzzeitpflege für eine beschränkte Dauer Entlastung bieten.
Austausch und Information für Angehörige	
Selbsthilfe- und Angehörigengruppen	Gesprächsgruppen bieten die Möglichkeit, eigene Erfahrungen mit anderen pflegenden Angehörigen auszutauschen, Probleme gemeinsam zu besprechen und Unterstützung zu bekommen.
Pflegekurse für Angehörige	Öffentlich veranstaltete Pflegekurse, die meistens von Pflegekassen oder anderen lokalen Einrichtungen veranstaltet werden (in Deutschland verbreitet), unterstützen die Betreuungs- und Pflegekompetenz.

Eigene Darstellung

In einer bevölkerungsrepräsentativen Studie (ZQP, 2014) wurden 2.521 Personen mit informeller Pflegeerfahrung zu einer Einschätzung von konkreten Maßnahmen der Unterstützung pflegender Angehöriger gebeten. Als mit Abstand wichtigster Aspekt wurde die Unterstützung durch professionelle medizinische-pflegerische Hilfe (76 %) genannt. Danach folgten verschiedene Angebote zur vorübergehenden Übernahme der Pflegetätigkeit wie z. B. Verhinderungspflege (Ersatz bei Krankheit und Urlaub der pflegenden Angehörigen) (64 %), Angebote für Kurse oder Schulungen (29 %) und Angebote der Pflegeberatung (25 %) als bedeutsame Hilfe (zit. nach Eggert, Jung & Sulmann 2019, 27).

Wissen über spezifische Krankheitsbilder und Verhaltensweisen

Wie bereits ausgeführt, ist insbesondere die Betreuung und Pflege einer demenzkranken Person oder einer Person mit einer psychischen Erkrankung eine große Herausforderung und eine große Belastung für pflegende Angehörige. Als einer der größten Risikofaktoren für häusliche Gewalt an alten Menschen wurde das Vorhandensein einer Verhaltensstörung, wie es z. B. bei demenzkranken Menschen üblich ist, identifiziert (▶ Kap. 1.2.3). Angehörige können sich durch das Verhalten der erkrankten Person blamiert oder bloßgestellt fühlen oder aber die erkrankte Person kann selbst gegenüber den betreuenden Angehörigen gewalttätig werden. Starke Unruhe und Rastlosigkeit, Stürze und die Gefahr des Weglaufens können Angehörige dazu auffordern, diese Verhaltensweisen zu begrenzen. Dabei können sie selbst Opfer von problematischem oder gar gewalttätigem Verhalten werden (Eggert, Jung & Sulmann 2017, 26 f.). Mit mehr Wissen über die krankheitsbedingten Veränderungen kann auch einfühlendes Verstehen der Pflegeperson gefördert werden (Brendebach 2000, 40). Informationen und Wissen über das jeweilige Krankheitsbild und Anleitungen für die Betreuung und Pflege von Angehörigen in spezifischen Situationen sind wichtige präventive Maßnahmen, die Angehörigen mehr Sicherheit in ihrer Betreuungsarbeit geben. Eine wichtige Unterstützung bieten hier auch die oben erwähnten Selbsthilfe- und Angehörigengruppen.

Da sich die Betreuungs- und Pflegesituation durch den progredienten Krankheitsverlauf insbesondere bei demenzkranken Menschen stetig ändert, zeigt sich bspw. die zugehende Beratung für pflegende Angehörige von demenzkranken Menschen der Alzheimer Zürich (o. J.) als ein vielversprechendes Angebot. Durch persönliche Begleitung zu Hause werden pflegebedürftige Personen und ihre Angehörigen gesamtheitlich betreut. Damit gegenseitiges Vertrauen aufgebaut werden kann, wird dieser Prozess immer von derselben erfahrenen Fachperson begleitet. Das Angebot umfasst Begleitung, Beratung, Koordination und Unterstützung durch eine Ansprechperson.

4.3 Früherkennung und Vorgehen bei Verdacht

Wenn Anzeichen von Gewalt wahrgenommen werden, kann bei Fachpersonen eine gewisse Unsicherheit entstehen, da die Hinweise auf Gewalt oft nicht eindeutig sind (Grundel et al. 2014, 16). Beim Österreichischen Roten Kreuz (ÖRK) findet sich auf der »Plattform gegen die Gewalt in der Familie« eine Liste von »nicht normal erklärbaren« Symptomen, die Fachpersonen wachsam machen sollten (ÖRK 2008, 6 f.).

Mögliche Indikatoren für häusliche Gewalt

- direkte Anzeichen physischer Gewalt: Kratzer, Blutergüsse, Wunden etc.
- mögliche Anzeichen für (Selbst-)Vernachlässigung oder soziale Isolation: Flüssigkeitsmangel (sichtbar am Hautzustand), Verwirrtheit, Mangelernährung, schlechte Hygiene
- mögliche Anzeichen physischer oder psychischer Gewalt: Traurigkeit, Ängstlichkeit, Verwirrtheit, Nervosität, verändertes Verhalten, wenn die pflegende Person anwesend ist; ein zusätzliches Alarmzeichen kann auch sein, wenn die gepflegte Person nie alleine ohne die*den pflegende*n Angehörige*n ist und direkte Fragen nicht selbst beantwortet, obwohl sie dazu in der Lage wäre

- mögliche Anzeichen für finanziellen Missbrauch: Widerspruch zwischen Einkommen und Lebensstandard, Anhäufung unbezahlter Rechnungen, fehlende Nahrungsmittel und/oder Medikamente, Gas/Strom oder Wasser sind abgeschaltet

Alle diese Anzeichen sind keine Beweise für Misshandlung und Vernachlässigung, sie sind jedoch wichtige Hinweise, denen es weiter nachzugehen gilt.

Sollte ein Verdacht auf Misshandlung oder Vernachlässigung gegenüber einer älteren Person bestehen, ist es wichtig, dies vorsichtig bei der betroffenen Person anzusprechen (klärende Fragen siehe unten), um sich ein möglichst umfassendes Bild von der Situation zu machen und keine voreiligen Schlüsse zu ziehen oder gar Schuldzuweisungen vorzunehmen (ÖRK 2008, 7). Es ist ratsam, die Beobachtungen zu dokumentieren, wobei Angaben zur Betreuungs- und Pflegesituation sowie Angaben zu den geschilderten und beobachteten Ereignissen festgehalten werden. Letztlich ist es wichtig, sich mit diesen Beobachtungen frühzeitig an die vorgesetzte Stelle zu wenden oder im Team das weitere Vorgehen zu besprechen, da es vielleicht bereits ein definiertes Vorgehen in der Institution gibt (ebd.) und solche Situation nie allein gelöst werden können.

Klärende Fragen, um Hinweise auf eine mögliche Misshandlungssituation zu prüfen, bietet ein häufig angewendetes Instrument, der »Elder Abuse Suspicion Index (EASI)«, das von der WHO initiiert wurde. Es werden fünf Fragen an die pflegebedürftige Person formuliert, die als Einstieg in das Gespräch dienen können. Diese einfachen Fragen geben in der Praxis schnell einen Hinweis darauf, ob eine Misshandlung vorliegen könnte (Wettstein 2017b, 90 f.).

Fragen zur Exploration

1. Waren Sie im Hinblick auf irgendeines der folgenden Dinge auf andere Menschen angewiesen? Körperpflege, Sich-Kleiden, Einkaufen, Umgang mit Geld, Zubereiten/Einnehmen von Mahlzeiten?
2. Hat Ihnen je jemand Esswaren, Kleidung, verordnete Medikamente, Ihre Brille, Ihr Hörgerät oder medizinische Pflege vorenthalten oder

> Sie von Menschen, mit denen Sie sich gerne getroffen hätten, ferngehalten?
> 3. Waren Sie je aufgebracht, weil jemand so mit Ihnen geredet hat oder umgegangen ist, dass Sie das beschämt hat oder Sie sich bedroht gefühlt haben?
> 4. Hat je jemand versucht, Sie zu zwingen, gewisse Papiere zu unterschreiben oder Ihr Geld anders zu gebrauchen, als Sie es wollten?
> 5. Hat Sie je jemand in Angst versetzt, Sie berührt auf eine Art, die Sie nicht wollten, oder Ihnen körperliche Schmerzen zugefügt?

Beantwortet die befragte Person eine oder mehrere der Fragen zwei bis fünf mit »ja«, kann dies Verdachtsmomente bestätigen und es sollten weitere Schritte unternommen werden.

Bei Verdacht auf Verwahrlosung bzw. Vernachlässigung gilt es zu unterscheiden, ob die Manifestationen durch das Unvermögen der betroffenen Person selbst (Selbstvernachlässigung) oder als Folge inadäquater Betreuung zu erklären sind. Verwahrlosung bzw. Vernachlässigung kann absichtlich oder auch die Folge psychischer oder physischer Überforderung der betreuenden Person, folglich unabsichtlich, sein. Wichtig ist, die betreuende Person nach ihrem Verständnis des Hilfe-, Betreuungs- und Pflegebedarfs zu befragen und zu erheben, durch wen und wie dieser Bedarf abgedeckt wird (Wettstein 2017b, 93).

4.4 Interventionen bei Gewalt und Vernachlässigung

Eine wichtige Voraussetzung für Interventionen und den Einbezug von anderen Fachpersonen ist, hierfür die Erlaubnis der Betroffenen zu bekommen. Dies ist nicht immer einfach, häufig wird Hilfe aus unterschiedlichen Gründen abgelehnt, z. B. Scham, Schuldgefühle, das Gefühl, mitverantwortlich zu sein, das Gefühl, es nicht besser verdient zu haben,

4.4 Interventionen bei Gewalt und Vernachlässigung

Angst, es könnte damit alles schlimmer werden, Abhängigkeit von der Tatperson etc. (Grewe & Blättner o.J.).

Ohne Einverständnis der betroffenen Person können keine weiteren Interventionen eingeleitet werden. Eine Ausnahme hierzu besteht, wenn akute Gefahr für Leib und Leben besteht und sofort ein Notruf getätigt werden muss. Die Entscheidung über die Einleitung von notwendigen Sofortmaßnahmen bis hin zu einer möglichen polizeilichen Anzeige obliegt der leistungserbringenden Organisation (Grewe & Blättner o.J.). Sollte die misshandelte Person einverstanden sein, können die Maßnahmen im Team konkretisiert und in die Wege geleitet werden.

Falls die betroffene Person jedoch nicht einverstanden ist und die diskutierten Maßnahmen ablehnt, gilt es zu überprüfen, ob eine Hirnleistungsschwäche die Urteilsfähigkeit beeinträchtigt. Im Anfangsstadium einer Demenz können viele Betroffene ihre Defizite noch gut überspielen. Deswegen sollte eine medizinische Fachperson (z.B. die hausärztliche Vertrauensperson) beigezogen und eine detaillierte kognitive Abklärung angestrebt werden. Dies gilt auch dann, wenn die betroffene Person erkennbar urteilsunfähig ist und sämtliche vorgeschlagenen Interventionen ablehnt oder den Sachverhalt bagatellisiert (Wettstein 2017b, 95–97).

Es kann jedoch auch sinnvoll sein, die Situation weiterhin systematisch zu beobachten und ggf. später zu intervenieren, wobei auch dies gemeinsam im Team besprochen wird und mögliche Lösungsstrategien gemeinsam diskutiert werden (ÖRK 2008, 8) (z.B. Gespräch mit Familienmitgliedern und der betroffenen Person, Einbezug weiterer Expert*innen, Vermitteln von Hilfe, Verbesserung der medizinischen Versorgung, Information an weitere Stellen wie Polizei, Behörden etc.). Solche verschiedenen interdisziplinären Interventionen wurden in Kapitel 3 an beispielhaften Konfliktmustern skizziert (▶ Kap. 3.2).

4.5 Beratungs- und Anlaufstellen

In Tabelle 9 werden die wichtigsten Beratungs- und Notrufstellen der drei deutschsprachigen Länder aufgeführt (▶ Tab. 9).

Tab. 9: Beschwerde- und Beratungsstellen in Deutschland, Österreich und der Schweiz

Land	Angebot	Homepage
Deutschland	Anlaufstellen bei Krisen, Beschwerdetelefone für alle Bundesländer (Stiftung ZQB)	https://www.pflege-gewalt.de/beratung/krisentelefone/
	Rechtsmedizinische Beratungsstelle, Patientenversorgung und Pflege	https://www.remed-care.de
	Beratungsstelle Handeln statt Misshandeln (HsM) – Altern ohne Gewalt	https://www.pflegewegweiser-nrw.de/hsm-altern-ohne-gewalt
	Beratungsstelle Pflege in Not: Diakonisches Werk Berlin Stadtmitte e. V.	http://www.pflege-in-not-berlin.de
	Pflegen und Leben: Psychologische Online-Beratung, richtet sich an pflegende Angehörige	https://www.pflege-und-leben.de/
	Deutsche Alzheimer Gesellschaft e. V. Selbsthilfe Demenz: Beratungsstelle für Menschen mit Demenz und ihre Angehörigen	https://www.deutsche-alzheimer.de/
Österreich	Beratungstelefon Gewalt und Alter des Vereins Pro Senectute Österreich	https://prosenectute.at/
	Interessengemeinschaft für pflegende Angehörige	https://www.ig-pflege.at/

4.5 Beratungs- und Anlaufstellen

Tab. 9: Beschwerde- und Beratungsstellen in Deutschland, Österreich und der Schweiz – Fortsetzung

Land	Angebot	Homepage
Schweiz	Nationales Kompetenzzentrum Alter ohne Gewalt: Hilfe in Situationen von Misshandlung gegen ältere Menschen	https://alterohnegewalt.ch/
	Unabhängige Beschwerdestelle für das Alter (UBA): Kompetenzzentrum für Konfliktlösungen im Alter	https://uba.ch/
	Kindes- und Erwachsenenschutzbehörden (KESB)	https://www.kokes.ch/

Eigene Darstellung

Auf den Punkt gebracht

Im Rahmen ihrer Tätigkeit setzen Sozialarbeitende bei verschiedenen Risikofaktoren an, um Misshandlung und (Selbst-)Vernachlässigung in der häuslichen Betreuung alter Menschen zu verhindern oder Notlagen zu lindern. Sie fördern im Rahmen der offenen Sozialarbeit die Vernetzung von Quartierbewohner*innen und achten darauf, dass Zugangsbarrieren für die Nutzung von Angeboten möglichst vermieden werden. Sie arbeiten mit lokalen Netzwerken wie Organisationen der Migrationsbevölkerung und relevanten Schlüsselpersonen zusammen, um den Zugang zu Unterstützungsstrukturen für alle zu sichern.

Sozialarbeitende kennen die verschiedenen Formen der Willensbekundung und können ältere Menschen und ihre Angehörigen vorsorglich beraten und beim Erstellen solcher Vollmachten fachkundig unterstützen. Häufig sind älteren Menschen und ihren Angehörigen Hilfeangebote zu wenig bekannt oder sie sind mit der Vielfalt von Unterstützungsangeboten überfordert. Damit sie die für sie notwendige Unterstützung erhalten, benötigen sie Beratung bei der Auswahl der Organisation, der Finanzierung und der Koordination der Hilfen.

Pflegende Angehörige nehmen häufiger Hilfe nicht in Anspruch, weil sie bspw. hohe Qualitätsansprüche oder ein überhöhtes Pflichtgefühl haben oder die betreute Person fremde Hilfe verweigert. Deswegen ist es besonders wichtig, im Gespräch mit Angehörigen gemeinsam möglichen Widerständen nachzugehen und mit ihnen Vor- und Nachteile der Inanspruchnahme von Hilfe zu diskutieren.

Es gibt verschiedene Anzeichen, die Hinweise auf Misshandlung oder Vernachlässigung geben können. Solchen Hinweisen gilt es behutsam nachzugehen, um sich ein möglichst umfassendes Bild von der Situation zu machen und keine voreiligen Schlüsse zu ziehen. Der »Elder Abuse Suspicion Index (EASI)« bietet hierfür fünf Fragen, die in der Praxis schnell einen Hinweis darauf geben, ob eine Misshandlung vorliegen könnte.

Schließlich ist es wichtig, dass Sozialarbeitende sich mit diesen Beobachtungen an die vorgesetzte Stelle wenden oder im Team das weitere Vorgehen besprechen. Effektive Interventionen sollten gemeinsam geplant und abgesprochen werden, damit die involvierten Fachpersonen ein koordiniertes Vorgehen verfolgen, um den Betroffenen wirksam zu helfen.

Reflexionsfragen

- Mittels welcher Präventionsmaßnahmen können Sozialarbeitende Risiken, die zu Misshandlung und Vernachlässigung im Alter führen, vorbeugen?
- Welche Anzeichen deuten auf Gewaltsituationen im Alter?
- Wie kann einem Verdacht auf Misshandlung oder Vernachlässigung nachgegangen werden? Welche klärenden Fragen bieten sich hierzu an?

Weiterführende Literatur

ZQP – Internetportal zur Gewaltprävention in der Pflege: https://www.pflege-gewalt.de/.

Internetportal der Hochschule Fulda »Befund Gewalt«: Online-Hilfe zum Erkennen und die gerichtsverwertbare Dokumentation von Folgen von Gewalt: https://www.befund-gewalt.de/.

Literatur

Abolfathi Momtaz, Yadollah, Hamid, Tengku, Akizan & Ibrahim, Rahimah (2013): Theories and Measures of Elder Abuse. In: Psychogeriatrics. The Official Journal of the Japanese Psychogeriatric Society, 13 (3), 182–188.

Alzheimer Zürich (o.J.): Zugehende Beratung. Unter: https://www.alzheimer-schweiz.ch/fileadmin/dam/Sektionen/Zuerich/Dokumente/Angebote/Zugehen de_Beratung/Zugehende_Beratung_Flyer.pdf, Zugriff am 15.12.2022.

AvenirSocial (2010): Berufskodex Soziale Arbeit Schweiz: Ein Argumentarium für die Praxis. Bern: Berufsverband Soziale Arbeit Schweiz.

BAG – Bundesamt für Gesundheit (2020): Zusammenarbeit mit betreuenden Angehörigen. Impulse für Bildungsverantwortliche sowie Führungs- und Fachpersonen aus den Bereichen Pflege und Sozialarbeit. Förderprogramm Entlastungsangebote für betreuende Angehörige 2017–2020. Bern: BAG. Unter: https://www.bag.admin.ch/dam/bag/de/dokumente/nat-gesundheitspolitik/foerderpro gramme/fp_pflegende_angehoerige/instrument-aerzte.PDF.download.PDF/DE_BAG-2.PDF, Zugriff am 21.12.2022.

Baumeister, Barbara & Beck, Trudi (2017): Zahlen und Fakten zu Gewalt an alten Menschen. In: Barbara Baumeister & Trudi Beck (Hrsg.): Schutz in der häuslichen Betreuung alter Menschen. Misshandlungssituationen vorbeugen und erkennen – Betreute und Betreuende unterstützen (19–38). Bern: Hogrefe.

Baumeister, Barbara, Beck, Trudi & Gehrig, Milena (2017a): Betreuende und Betreute berichten: Ergebnisse aus Interviews mit Betroffenen. In: Barbara Baumeister & Trudi Beck (Hrsg.): Schutz in der häuslichen Betreuung alter Menschen. Misshandlungssituationen vorbeugen und erkennen – Betreute und Betreuende unterstützen (171–188). Bern: Hogrefe.

Baumeister, Barbara, Beck, Trudi & Gehrig, Milena (2017b): Sechs Konfliktmuster: Ergebnisse einer Aktenanalyse. In: Barbara Baumeister & Trudi Beck (Hrsg.): Schutz in der häuslichen Betreuung alter Menschen. Misshandlungssituationen vorbeugen und erkennen – Betreute und Betreuende unterstützen (43–63). Bern: Hogrefe.

Baumeister, Barbara, Gehrig, Milena, Beck, Trudi & Gabriel, Thomas (2015a): Schutz in der häuslichen Betreuung alter Menschen. Genese von Misshandlungssituationen in der häuslichen Betreuung alter Menschen und Analyse von Strategien im Umgang mit Gewalt im häuslichen Umfeld. Zürich: ZHAW.

Baumeister, Barbara, Gehrig, Milena, Beck, Trudi & Gabriel, Thomas (2015b): Häusliche Betreuung alter Menschen. Eine Informationsbroschüre für betreuende und betreute Personen. Zürich: ZHAW.

Beck, Trudi & Baumeister, Barbara (2018): Zwischen Liebe, Pflicht und Überforderung – die Rolle der Angehörigen in der häuslichen Pflege und Betreuung alter Menschen. In: Ruth Gurny, Beat Ringger & Kurt Seifert (Hrsg.): Gutes Alter. Eine Gesellschaft des guten langen Lebens für alle (41–50). Zürich: edition 8.

Blättner, Beate & Grewe, Annette (2017): Gewalt in der Versorgung von Pflegebedürftigen. In: Klaus Jacobs, Adelheid Kuhlmey, Stefan Greß, Jürgen Klauber & Antje Schwinger (Hrsg.): Pflege-Report 2017 »Die Versorgung der Pflegebedürftigen«. Stuttgart: Schattauer.

bmask.gv.at – Bundesministerium für Arbeit, Soziales und Konsumentenschutz (2012): Prävention und Intervention bei Gewalt gegen ältere Menschen. Konzepte und Maßnahmen im internationalen Kontext und rechtliche Aspekte in Österreich. Wien: bmask.gv.at.

BMFSFJ – Bundesministerium für Familie, Senioren, Frauen und Jugend (2022): Strategie gegen Einsamkeit. Unter: https://www.bmfsfj.de/bmfsfj/themen/engagement-und-gesellschaft/strategie-gegen-einsamkeit-201642, Zugriff am 21.12.2022.

Bohnet-Joschko, Sabine & Bidenko, Katharina (2019): Pflegende Angehörige. Hoch belastet und gefühlt allein gelassen. In: Deutsches Ärzteblatt. Perspektiven der Onkologie, (3), 20–24.

Brendebach, Christine Maria (Hrsg.) (2000): Gewalt gegen alte Menschen in der Familie. Ergebnisse einer Studie der »Bonner Initiative gegen Gewalt im Alter« (Bd. 6). Bonn: Bonner Schriftenreihe »Gewalt im Alter«.

Deci, Edward, L. & Ryan, Richard M. (2008): Self-Determination Theory: A Macrotheory of Human Motivation, Development, and Health. In: Canadian Psychology, 49, 182–185.

Der Bundesrat (2020): Gewalt im Alter verhindern. Bericht des Bundesrates. Bern: Schweizerische Eidgenossenschaft.

DIMR – Deutsches Institut für Menschenrechte (2017): Altersdiskriminierung und das Recht Älterer auf Freiheit von Gewalt, Misshandlung und Vernachlässigung. Fachgespräche zur Vorbereitung der 8. Sitzung der UN Open Ended Working Group on Ageing (OEWG-A) (Dokumentation/DIMR). Berlin. Unter: https://www.institut-fuer-menschenrechte.de/publikationen/detail/altersdiskriminierung-und-das-recht-aelterer-auf-freiheit-von-gewalt-misshandlung-und-vernachlaessigung, Zugriff am 21.12.2022.

Dohner, Yvonne (2010): Häusliche Gewalt gegen alte Menschen. In: Fachstelle für Gleichstellung Stadt Zürich, Frauenklinik Maternité, Stadtspital Triemli Zürich & Verein Inselhof Triemli, Zürich (Hrsg.): Häusliche Gewalt erkennen und richtig reagieren. Handbuch für Medizin, Pflege und Beratung (2., akt. Aufl., 115–121). Bern: Huber.

EBG – Eidgenössisches Büro für die Gleichstellung von Frau und Mann (2020): Definition, Formen und Folgen häuslicher Gewalt. Unter: https://www.ebg.admin.ch/dam/ebg/de/dokumente/haeusliche_gewalt/infoblaetter/a1.pdf.download.pdf/a1_definition-formen-und-folgen-haeuslicher-gewalt.pdf, Zugriff am 21.12.2022.

EBG – Eidgenössisches Büro für die Gleichstellung von Frau und Mann (2021): Gewaltdynamiken und Interventionsansätze. Unter: https://www.ebg.admin.ch/ebg/de/home/dokumentation/publikationen-allgemein/publikationen-gewalt.html#accordion167156312048, Zugriff am 21.12.2022.

Eggert, Simon, Jung, Katharina & Sulmann, Daniela (2017): ZQP-Analyse. Wahrnehmung der Bevölkerung von Gewalt in der Pflege. In: Zentrum für Qualität in der Pflege (Hrsg.): Gewaltprävention in der Pflege (2., akt. Aufl., 29). Berlin: ZQP.

Eggert, Simon, Schnapp, Patrick & Sulmann, Daniela (2018): Aggression und Gewalt in der informellen Pflege, ZQP-Analyse. Berlin: ZQP.

Eggert, Simon & Sulmann, Daniela (2020): Gewalt gegen (ältere) pflegebedürftige Menschen in Deutschland – eine quantitative Annäherung. In: Ralf Suhr & Adelheid Kuhlmey (Hrsg): Gewalt und Alter (47–56). Rotterdam: de Gruyter.

Feusi-Frei, Isabella (2017): Sicht der Polizei am Beispiel des Kantons Zürich. In: Barbara Baumeister & Trudi Beck (Hrsg.): Schutz in der häuslichen Betreuung alter Menschen. Misshandlungssituationen vorbeugen und erkennen – Betreute und Betreuende unterstützen (78–88). Bern: Hogrefe.

Gerken, Alexandra & Zippel, Christina (2011): Vorsorgevollmacht, Patientenverfügung und Betreuungsverfügungen – die Willensbekundungen. In: Christian Zippel & Sibylle Kraus (Hrsg.): Soziale Arbeit für alte Menschen. Ein Handbuch (2., akt. Aufl., 462–471). Frankfurt am Main: Mabuse.

Gloor, Daniela & Meier, Hanna (2010): Zahlen und Fakten zum Thema häusliche Gewalt. In: Fachstelle für Gleichstellung Stadt Zürich, Frauenklinik Maternité, Stadtspital Triemli Zürich & Verein Inselhof Triemli, Zürich (Hrsg.): Häusliche Gewalt erkennen und richtig reagieren. Handbuch für Medizin, Pflege und Beratung (2., akt. Aufl., 17–35). Bern: Huber.

Gogl, Anna (Hrsg.) (2014): Selbstvernachlässigung bei alten Menschen. Von den Phänomenen zum Pflegehandeln. Bern: Huber.

Görgen, Thomas & Beaulieu, Marie (2013): Critical Concepts in Elder Abuse Research. In: International Psychogeriatrics, 25 (8), 1217–1228.

Görgen, Thomas, Nägele, Barbara, Kotlenga, Sandra, Fisch, Sarah, Kraus Benjamin & Rauchert, Kathrin (2012a): Sicher leben im Alter. Ein Aktionsprogramm zu Prävention von Kriminalität und Gewalt gegenüber alten und pflegebedürftigen Menschen. Berlin: BMFSFJ.

Görgen, Thomas, Herbst, Sandra, Kotlenga, Sandra, Nägele, Barbara & Rabold, Susann (2012b): Kriminalitäts- und Gewalterfahrung im Leben älterer Menschen.

Zusammenfassung wesentlicher Ergebnisse einer Studie zu Gefährdungen älterer und pflegebedürftiger Menschen. Berlin: BMFSFJ.

Greber, Franziska (2010): Die Vielfalt und Komplexität häuslicher Gewalt erkennen. In: Fachstelle für Gleichstellung Stadt Zürich, Frauenklinik Maternité, Stadtspital Triemli Zürich & Verein Inselhof Triemli, Zürich (Hrsg.): Häusliche Gewalt erkennen und richtig reagieren. Handbuch für Medizin, Pflege und Beratung (2., akt. Aufl., 165–180). Bern: Huber.

Grewe, Annette & Blättner, Beate (o. J.): Impressum – Befund Gewalt, die Online-Hilfe zum Erkennen und die gerichtsverwertbare Dokumentation von Folgen von Gewalt. Unter: https://www.befund-gewalt.de/impressum.html, Zugriff am 21.12.2022.

Grundel, Anna, Liepe, Katharina, Fuchs-Römmelt, Ulrike, Möller, Kathrin, Hocher, Rebekka, Grewe, Henny A. & Blättner, Beate (2014): Dokumentation auffälliger Befunde bei Pflegebedürftigen. Handlungsempfehlungen für Pflegefachkräfte. Unter: https://fuldok.hs-fulda.de/opus4/frontdoor/deliver/index/docId/239/file/pgpapers_2014_01_Grundel_et_al.pdf, Zugriff am 21.12.2022.

Hartwig, Sven (2020): Rechtsmedizinische Sicht. In: Ralf Suhr & Adelheid Kuhlmey (Hrsg): Gewalt und Alter (19–26). Rotterdam: de Gruyter.

Hirsch, Rolf (2005): Prävention statt Gewalt – Überforderung von Angehörigen verringern. In: Hans-Jürgen Kerner & Erich Marks (Hrsg.): Internetdokumentation Deutscher Präventionstag Hannover. Unter https://www.praeventionstag.de/dokumentation/download.cms?id=111, Zugriff am 21.12.2022.

Hirsch, Rolf (2010): Konflikte in Pflegebeziehungen. Eine Herausforderung für Pflegende und die Gesellschaft. Unter: https://www.yumpu.com/de/document/view/21900648/konflikte-in-pflegebeziehungen-2010-hsm-bonner-initiative-/10, Zugriff am 21.12.2022.

Höpflinger, François (2017): Zahlen und Fakten zur häuslichen Betreuung. In: Barbara Baumeister & Trudi Beck (Hrsg.): Schutz in der häuslichen Betreuung alter Menschen. Misshandlungssituationen vorbeugen und erkennen – Betreute und Betreuende unterstützen (159–169). Bern: Hogrefe.

Johner-Kobi, Sylvie & Gehrig, Milena (2018): Ältere Migrantinnen und Migranten am Wohnort erreichen: Erfahrungen aus dem Schweizer Projekt »Vicino«. In: Zeitschrift für Gerontologie und Geriatrie, 51 (7), 807–812.

Karrer, Dieter (2016): Der Umgang mit dementen Angehörigen. Über den Einfluss sozialer Unterschiede (2., akt. Aufl.). Wiesbaden: Springer.

Kaschowitz, Judith (2021): Angehörigenpflege als Gesundheitsrisiko. Die Rolle des Haushalts-, Migrations- und Länderkontexts. Wiesbaden: Springer.

Klein, Ludger, Merkle, Maike & Molter, Sarah (2021): Schwierige Zugänge älterer Menschen zu Angeboten der Sozialen Arbeit. Abschlussbericht eines Praxisforschungsprojekts. Frankfurt am Main: Institut für Sozialarbeit und Sozialpädagogik e. V.

Krobisch, Verena, Schenk, Lilian & Ikiz, Dilek (2014): Pflegesituation von türkeistämmigen Migranten und Migrantinnen in Berlin. Kurzbericht für das ZQP. Berlin: ZQP.
Krüger, Paula, Bannwart, Cécile, Block, Lea & Portmann, Rahel (2020): Beiträge zur sozialen Sicherheit »Gewalt im Alter verhindern«. Grundlagenbericht. Forschungsbericht Nr. 2/20. Bern: Bundesamt für Sozialversicherungen.
Lachs, Mark S. & Pillemer, Karl (2015): Elder Abuse. In: The New England Journal of Medicine, 373 (20), 1947–1956.
Lawton, M. Powell & Grody, Eliane M. (1969): Assessment of Older People. Self-Maintaining and Instrumental Activities of Daily Living. In: The Gerontologist, 9 (3), 179–186.
Mahler, Claudia (2020): Menschenrechtliche Sicht. In: Ralf Suhr & Adelheid Kuhlmey (Hrsg): Gewalt und Alter (27–37). Rotterdam: de Gruyter.
Mayer, Klaus (2010): Männer, die Gewalt gegen die Partnerin ausüben. In: Fachstelle für Gleichstellung Stadt Zürich, Frauenklinik Maternité, Stadtspital Triemli Zürich & Verein Inselhof Triemli, Zürich (Hrsg.): Häusliche Gewalt erkennen und richtig reagieren. Handbuch für Medizin, Pflege und Beratung (2., akt. Aufl., 53–66). Bern: Huber.
Miro, Fernando (2014): Routine Activity Theory. In: J. Mitchell Miller (Hrsg.): The Encyclopedia of Theoretical Criminology (1–7). New Jersey: Blackwell.
Nowossadeck, Sonja, Engstler, Heribert & Klaus, Daniela (2016): Pflege und Unterstützung durch Angehörige. (Report Altersdaten, 1). Berlin: Deutsches Zentrum für Altersfragen.
ogsa – Österreichische Gesellschaft für Soziale Arbeit (2018): Zur Zukunft der Sozialen Altenarbeit in Österreich. Wien: ogsa.
Opferbeck, Ilga, Schacke, Claudia & Zank, Susanne (2010): Zum Befinden pflegender Angehöriger nach dem Tod des Gepflegten. In: Susanne Zank (Hrsg.): Psychotherapie im Alter Nr. 28: Pflege und Psychotherapie, 7 (4), 521–535.
ÖRK – Österreichisches Rotes Kreuz (2008): Gewalt in der Familie: Gewalt gegen ältere Menschen erkennen und handeln. Eine Informationsschrift für Mitarbeiter/innen in der häuslichen Betreuung und Pflege älterer Menschen in Wien. Unter: https://www.roteskreuz.at/fileadmin/user_upload/PDF/Publikationen/Broschueren/Broschuere_Gewalt_in_der_Familie.pdf, Zugriff am 22.12.2022.
Otto, Ulrich, Leu, Agnes, Bischofberger, Iren, Gerlich, Regina, Riguzzi, Marco, Jans, Cloé & Golder, Lukas (2019a): Bedürfnisse und Bedarf von betreuenden Angehörigen nach Unterstützung und Entlastung – eine Bevölkerungsbefragung. Schlussbericht des Forschungsprojekts G01a des Förderprogramms Entlastungsangebote für betreuende Angehörige 2017–2020. Bern: BAG.
Otto, Ulrich, Leu, Agnes, Bischofberger, Iren, Gerlich, Regina, Riguzzi, Marco, Jans, Cloé & Golder, Lukas (2019b): Bedürfnisse und Bedarf von betreuenden Angehörigen nach Unterstützung und Entlastung – eine Bevölkerungsbefragung. Kurzfassung. Forschungsmandat G01a des Förderprogramms »Entlastungsange-

bote für betreuende Angehörige 2017–2020«. Programmteil 1: Wissensgrundlagen. Bern: BAG.

Perrig-Chiello, Pasqualina & Höpflinger, François (Hrsg.) (2012): Pflegende Angehörige älterer Menschen. Probleme, Bedürfnisse, Ressourcen und Zusammenarbeit mit der ambulanten Pflege. Bern: Huber.

Pardini, Riccardo (2018): Betreuung im Alter: Die grosse Lücke. In: Ruth Gurny, Beat Ringger & Kurt Seifert (Hrsg.): Gutes Alter. Eine Gesellschaft des guten langen Lebens für alle (51–58). Zürich: edition 8.

Riedel, Matthias (2014): Zukunft der Pflegebereitschaft von Angehörigen und Freiwilligen. Eine repräsentative Studie zur pflegekulturellen Orientierung und Solidaritätsbereitschaft. Bern: Institut Alter der Fachhochschule Bern.

Schelling, Hans Rudolf (2015): Gerontologieblog.ch, Vulnerabilität im Alter. Zürich: Stadt Zürich Gesundheitszentren für das Alter, Universität Zürich. Unter: https://www.gerontologieblog.ch/vulnerabilitaet-im-alter/#:~:text=Im%20geriatrischen%20Kontext%20bedeutet%20Frailty,84, Zugriff am 21.12.2022.

Schröder-Butterfill, Elisabeth & Marianti, Ruly (2006): A Framework for Understanding Old-Age Vulnerabilities. Ageing & Society, 26, 9–35.

Schulz, Andrea & Kunisch, Monika (2011): Beratungs- und Unterstützungsangebote für ältere Menschen und ihre Angehörigen. In: Christian Zippel & Sibylle Kraus (Hrsg.): Soziale Arbeit für alte Menschen. Ein Handbuch (2., akt. Aufl., 301–320). Frankfurt am Main: Mabuse.

Schwedler, Anna & Zenz, Gisela (2020): Gesetzliche Regelungsbedarfe zum Schutz älterer Menschen. In: Ralf Suhr & Adelheid Kuhlmey (Hrsg): Gewalt und Alter (86–93). Rotterdam: de Gruyter.

Sethi, Dinesh, Wood, Sara, Mitis, Francesco, Bellis, Mark, Penhale, Bridget, Iborra Marmolejo, Isabel, Lowenstein, Ariela, Manthorpe, Gillian & Ulvestad Kärki, Freja (2011): WHO Europa – European Report on Preventing Elder Maltreatment. Unter: https://www.euro.who.int/__data/assets/pdf_file/0010/144676/e95110.pdf, Zugriff am 21.12.2022.

Statistisches Bundesamt (Destatis) (2018): Pflegestatistik – Pflege im Rahmen der Pflegeversicherung, Deutschlandergebnisse 2017. Wiesbaden: Statistisches Bundesamt.

Statistisches Bundesamt (Destatis) (2023): Bevölkerung: Mehr Pflegebedürftige. Unter: https://www.destatis.de/DE/Themen/Querschnitt/Demografischer-Wandel/Hintergruende-Auswirkungen/demografie-pflege.html, Zugriff am 31.05.2023.

Storey, Jennifer E. (2018): Risk Factors for Elder Abuse and Neglect: A Review of the Literature. In: Aggression and Violent Behavior. Unter: https://doi.org/10.1016/j.avb.2019.101339, Zugriff am 21.12.2022

Suhr, Ralf (2015): Pflege ohne Gewalt. In: G+G Gesundheit und Gesellschaft. Das AOK-Forum für Politik, Praxis und Wissenschaft; 18 (7/8), 20–26.

Suhr, Ralf & Teubner, Christian (2020): Gewalt gegen ältere Menschen. In: Ralf Suhr & Adelheid Kuhlmey (Hrsg): Gewalt und Alter (1–9). Rotterdam: de Gruyter.

Tesch-Römer, Clemens (2010): Soziale Beziehungen alter Menschen, Grundriss Gerontologie. Stuttgart: Kohlhammer.

Töpfer, Anne (2015): Interview »Abhängigkeit kann zu Aggression führen«. In: G+G Gesundheit und Gesellschaft. Das AOK-Forum für Politik, Praxis und Wissenschaft; 18 (7/8), 27.

UBA – Unabhängige Beschwerdestelle für das Alter (2021a): Unter: https://uba.ch/cms/, Zugriff am 21.12.2022.

UBA – Unabhängige Beschwerdestelle für das Alter (2021b): Jahresbericht 2021. Unter: https://uba.ch/cms/wp-content/uploads/2022/03/UBA_Jahresbericht2021.pdf, Zugriff am 21.12.2022.

Walker, Lenore E. (1979): The Battered Woman Syndrome. New York: Harper & Row.

Wettstein, Albert (2017a): Einleitung. In: Barbara Baumeister & Trudi Beck (Hrsg.): Schutz in der häuslichen Betreuung alter Menschen. Misshandlungssituationen vorbeugen und erkennen – Betreute und Betreuende unterstützen (15–17). Bern: Hogrefe.

Wettstein, Albert (2017b): Medizinische Sichtweise. In: Barbara Baumeister & Trudi Beck (Hrsg.): Schutz in der häuslichen Betreuung alter Menschen. Misshandlungssituationen vorbeugen und erkennen – Betreute und Betreuende unterstützen (89–100). Bern: Hogrefe.

Wilz, Gabriel & Pfeiffer, Klaus (2019): Pflegende Angehörige. Fortschritte der Psychotherapie. Göttingen: Hogrefe.

WHO – World Health Organization (2002): World Report on Violence and Health. Genf: WHO.

WHO – World Health Organization (2015): World Report on Ageing and Health. Genf: WHO.

Yon, Yonajie, Miktion, Christopher R., Gassoumis, Zachary D. & Wilber, Kathleen H. (2017): Elder Abuse Prevalence in Community Settings. A Systematic Review and Meta-Analysis. In: The Lancet Global Health, 5 (2), 147–156.